JN439448

그림, 詩끌하게 바라보다

그림, 詩끌하게 바라보다

머리말

詩끌하게 읽어 본 그림

시를 재미로 읽는 사람이 몇이나 될까. 행과 열을 꿰어가는 문자 바느질을 읽어내기란 쉽지 않다. 하지만 절묘한 시 앞에서는 그림보다 빠른 감탄이 나온다. “아! 그렇구나.” 감탄이 나올 만한 시, 이 시가 시구 안에만 있는 게 아니라 그림 속에도 있다. 그림 읽는 일이란 따분치가 않다. 머릿속에서 한 땀, 한 땀씩 나열해 가야 할 이미지가 영상처럼 눈앞에 있는 것이다. 그림 속의 총구가 나를 겨냥한다고 해도 밋밋한 그 적의는 재미있다.

그림 수집을 시작했을 때 무지몽매한 내 취향을 앞세워 뻗대던 나날이 여러 날 있었다. 타자에게 수용되지 못하는 그림 취향의 얕음, 반성되어 고치는 게 아니라 누구에게나 시간의 붕대에서 풀려날 때 절로 아물어지는 소치라고나 할까.

그래서 또 발품을 팔아 그림을 찾아다녔다. 말뚝을 박았던 취향에서 해방되면 모든 그림은 내 것이요. 내 안에서 눈부처로 자리한다. 백팔번뇌의 진통을 뺀 그 자리가 눈동자에 담겨 마치 방처럼 고요한 세계를 이룬다.

그대 눈 속에 들어 있는 얼굴 하나
깊은 동굴 같은 얼굴 하나
슬픔이 석순石筍처럼 맺혀 자라나고 있는
그 돌고름에 매달려 눈물처럼 그렁이고 있는 얼굴 하나

-김신용, 「눈부처」에서

국경의 경계도 없이 밀려오는 그림 앞에 서 있으면, 눈과 마음은 연장이요 도구이다. 어떻게 보는 것이 아닌 어떻게 읽어내릴 것인가. 혹 저 그림은 나를 밀어내고 대단한 감상자만을 고르고 있는 취향은 아닐지. 한때 취향 때문에 등을 돌린 그림들이 내게 비수를 꽂을 때가 있었다. 비수가 되어 꽂는 그림이란 대체 무엇일까. 고통이 담기지 않는 그림만 쫓아다니던 무모함이 화가를 괴롭히고 나를 괴롭혔다. 내 취향의 화력은 그렇게 깊어가고 또 변신해 왔다. 취향은 감상의 농도에 브리지 역할을 해 온 것이다.

아직도 여백이 충만한 그림 앞에서 나의 그림독서는 한계에 부딪친다. 그것은 작가의 의도를 읽지 않고서야 그 대단한 우주의 섭렵을 읽어내릴 수 없겠다. YBA 멤버인 트레시에민의 침대가 런던의 방송을 강타해도 여전히 "역겨워" "그게 예술이야" 입심으로 돌팔매질하는 야유가 내 몸의 반에서 나올 수 있기 때문이다. 여전히 남들같이 윌리엄 터너를 좋아하고 그럴 때마다 레퍼토리처럼 떠오르는 강요배를 좋아하고, 등등 물론 화가는 이해받기 위해 그림을 그리는 건 아니지만……

좋은 그림은 얼이 빠져나가는지도 모르게 숨죽여 관자를 정지시킬 때가 있다. 그래서 그림은 보는 것이 아니라 생각하는 대상이 된다. 그러는 동안 그림은 관자의 내밀함을 기다려 줄 터이고 작가는 세상에 내놓인 분신을 향해 최대한 진정성을 쏟아놓는 게 아닐까. 그림을 쫓아다니다가 시를 탕진하고 꼬투리 같은 가산을 탕진할 뻔했다. 다시 태어나도 감각적 물성 앞에 한순간이라도 정지된 나로 살고 싶은 건 분명하다.

그림은 가슴을 울리는 척도가 여전히 시보다 빠르다. 우매한 내 머릿속에 기후처럼 빨리 와 닿는 컬러 브리지. 프란시스 베이컨의 「십자가에 못

박힌 형상에 대한 세 가지」를 보자. 귀와 입만 달린 채 붉음에 놓인 세 형상, 붕대에 감겨 아무것도 볼 수 없는 그 기괴함이 시보다 앞서 메시지를 전달한다. 인간 형상을 그린 그 기괴함이 슬프도록 마음을 때린다. 그것은 인간의 감성에 다가가는 빠르기가 시를 압도한다. 그래서 그림을 시처럼 읽는다. 시는 그림보다 한 발 더디게 간다. 그림이 시보다 앞서 마음 사무치는 일에 스토리텔링을 달고 나타나기 때문이다. 색채와 구도, 형상이 저 먼 길을 달려와 빠르게 구체화하는 탓도 있을 게다. 그림을 담보로, 말하려는 철학적 명제에서 자꾸만 멀어지는 이 느낌은 무지 때문이라 하겠다. 미학적, 철학적, 학의 개념으로 받아들이지 못하는 내 수준이 되레 편할지도 모른다. 지세가 낮은 곳에서 바라보는 이 편안함, 때문에 그림을 쫓아가기만 할 뿐 그림을 그리겠다는 욕망에는 범접도 못한다. 그런 주제에 감히 詩끌하게 그림 한 번 읽어 보았다. 읽어주는 이께 감사할 뿐이다.

2010 겨울, 박선옥

추천사

예술은 작가의 생명줄이자 영혼의 울림

계간 〈詩로 여는 세상〉을 받으면 어느 때부터인가 책 뒷부분부터 읽는 버릇이 생겼다.

미술에 종사하는 사람으로서 새로운 읽을 재밋거리 즉 미술의 아름다움을 부드러운 시의 언어로 은유해주는 박선옥 시인의 글을 읽기 위해서이다.

작가와 작품 그리고 그 속의 감상자를 편안한 주제로 묶어 다채로운 글 읽기로 써내려간 미술 평론.

당나라 때의 시인이자 화가였던 왕유는 "그림을 소리 없는 시라고" 말했듯이 그림 한 점은 단순히 종이나 캔버스에 먹이나 물감을 칠한 것이 아니었다.

숱한 세월을 고뇌하며 몸부림쳤던 작가의 생명줄이자 영혼의 울림이다.

작가의 예술적 창작을 시인의 안목 있는 눈품 발품으로 전천후 감상문을 써내려간 박선옥 시인은 단순히 개인의 호불호好不好를 드러내지 않고 엉킨 실타래를 풀어가듯이 동시대에 같이 감상하며 풀어갈 수 있는 기쁨이었다.

환상과 현실의 재현에서 예술을 놓고 고민하던 본인은 시인의 글 속에서, 스스로 감상에 대한 발견도 하였고 예술작품에 대한 묶인 생각이 아닌 열린 생각을 하며 전혀 다른 각도의 시적 지평을 즐기기도 하였다.

미술의 아름다움은 고정되어 있는 것이 아닌 변하는 것이라고 저자는 말하며 여러 각도의 고전과 신전을 주무를 때면 미술인이나 작가들도 많은 공부를 해야 되는 시대가 도래했음을 느끼며 높은 기호 의식의 독자들은 미술에 대한 자신만의 규칙을 만드는 열정에 도움이 될 거라 생각하며……

책의 발간을 통섭형通涉形 예술인들과 마음 다해 축하드린다.

MBC 고미술 감정위원, 〈주 갤러리〉 대표 주승진

차례

박주가리 홀씨에서 피어난 气의 실체

– 그림 속의 곽훈을 만나다

박주가리 홀씨에서 피어난 气의 실체

- 그림 속의 곽훈을 만나다

화가는 붓끝으로 식솔을 잉태한다. 단순하면서도 일정한 색채의 식솔을 낳는가 하면, 환상적인 몸놀림의 색채도 식솔로 낳는다. 식솔로 태어난 색채들은 시간과 합성하여 관람자의 눈길과 화가의 마음속에 침잠된다. 어쩌면 아득한 전생에서부터 예비된 미지의 색채들조차 조형물을 만나기 위해 근력을 키우고 있었는지 모른다. 그것은 기다리고 있었다는 것이다. 상상 속의 조형이 화가의 영감에서 분출되는 이때 앞 다투어 캔버스에 배열되며 에너지를 발산하는 색채들은 생명 그 자체라고 본다. 그러면서 화가는 일체의 것들을 시간에 버무려 특별한 의미를 부여한다. 관람자의 입장에서 때로는 형태 없음도 형태로 우기며 색채와 자신의 마음을 상관하기도 한다. 붓을 들기 전 출발은 착상이나 계획 없이 자연발생적으로 돌입했겠지만, 대상이나 형체가 갖추어지면 그것은 화가에게서 에너지를 공급받는 식솔이 된다. 그래서인지 화가는 자기만의 열린 시간과 공간 속에서 남다른 밀도를 키우는 실험가이기도 하다. 화가는 완성작이 될 때까지 실험을 이어가며 이 식솔들을 책임져야 한다. 평면의 깊이에서 생성되는 색채들의 움직임, 그 움직임을 老화가의 추상화 속에서 찾아보았다.

气1, 색채를 탄금한다

캔버스에 아크릴, 4 1/2×5 1/2' (Diptych), 2005

气1을 본다. 곽훈은 색채를 탄금한다. 그의 수직적 색채 배열은 첼로의 현을 느끼게 한다. 강한 저음과 파열되기 직전의 고음이 몇 차례의 바탕색에서도 느껴진다. 코발트빛과 보랏빛, 갈색 등의 색점 병렬은 온몸으로 휘둘렀을 법한 붓 터치 감을 보게 해준다. 그의 왕성한 공간 섭취력은 누군가의 깊고 은밀하게 감추어둔 수식어를 빌리고 싶을 정도이다. 의식의 팽이채에 휘둘리는 보랏빛 파동이 관람자와의 거리를 좁힌다. 붓은 어둡게 지나가는 한 영혼을 어렴풋이 소우주에 내려놓는다. 이내 곧 색채의 환희를 맛본다. 어둠을 헤치고 나오는 대숲 소리, 대숲에 살포시 내려앉는 현란한 색채의 옹알이. 갈색과 보라색과 붉은색, 노란색 등의 이미지 컬러는 저마다의 형태를 발산하기에 바쁘다. 오묘한 색의 움직임으로 은밀한 대숲 소리 속에서 영과 육의 통로를 만든다. 표화랑 지하를 장악한 氣의 파동은 색채 율동으로 지상과 지하의 경계마저 모호하게 해 준다. 한낮의 무한 우주로 확장되는 느낌이다. 거대한 그림의 보폭은 이미 색채 율동의 주체가 되어 벽과 그림이라는 한계를 넘어섰다.

곽훈의 추상화는 색채의 혼돈에서부터 시작한다. 관람자의 그림 입문은 무언가에 붙잡혀 있다는 자각을 버릴 수 없다. 전위적 기운이 관람자의 그림자를 못질한다. 한 老화가의 의도된 氣에 갇혀 색채의 음률마저 듣는다. 모양도 냄새도 소리도 없어 움켜잡을 수도 없다는 氣의 수작은 성공적이라 할 수 있다. 무한으로 열린 氣의 의도는 없음이면서 없음을 내세워 있음을 창출한다. 그는 온몸으로 하는 물리적 창작 행위의 액션 페인팅이 아니라, 氣의 이미지를 페인팅하기 위해 혼신을 다한다. 흔히 그림 앞에서 관람자는 무엇에 관한 것인지를 쉽게 찾으려 한다. 사물에 대한 소속을 찾으면서 자기 알음알이의 테두리 내에서 해설이 용이하기를 바란다. 관객은 점점 가까이 다가가'이미지 페인팅이야말로 그 어떤 추상표현주의보다 시적이고 음악적이지 않은가'하고 감탄한다. 곽훈의 氣에서 보랏빛은 농밀해졌다. 보랏빛은 우주로 가는 캡슐이 되어 색점 처리의 주색이 된다.

붓 터치는 중천한다. 질감이나 부피감을 위하여 몇 번이나 덧칠된다. 이런 과정은 우연인지 필연인지 형체를 나타냈고, 관람자의 의식이 무에서 유를 창조하는 데 보탬이 되어 주었다. 화가는 의식 속에서 가물가물한 氣의 궤적을 스스로가 만든다. 또 색채를 뽑아 올린다는 것은 탄주하는 붓에서 모락모락 시적 이미지를 동영상화하기에 바쁘다. 거대한 두 폭의 그림을 气의 색채로 묶으면서 시작과 끝의 경계는 이미 없어졌다. 그의 추상은 은유적 상상을 위해 최선을 다해 거대해 가고 있었다.

그의 관념은 그리 여물지 않은 표피에 갇혀 있었다. 그의 관념은 붓을 들기 바로 직전 스스로가 제시한 기묘한 착상에 의해 이미지로 전환되었다. 그 관념의 지층에서 색채의 질량, 공간의 배치가 형태로 나타날 위치를 동시에 반응한다는 것은 온몸으로 페인팅하는 사람만이 안다. 왼쪽 气의 광음과 함께 오른쪽으로 피어오르는 색의 탄금은 어떤 것이기를 바라는 관람자에게 쉽게 에너지로 다가온다. 그래서 역동적 상호작용으로 그림은 '대체 무엇일까'를 깨고 관람자의 감동을 얻어낸다. 감동은 오감을 작용한다. 앞서 나온 색채의 뒤를 따르는 또 다른 색채들의 조화와 질서, 그 질서 사이에서 대금 소리가 난다.

겨울을 이겨낸 마른 산죽, 산죽 더미에 실낱같은 몸을 서걱대는 바람, 그 소리의 잔영을 밟고 마치 내생으로 간 생명들의 화성체인 양 쏠리고 쏠리는 색채들의 군무는 또 얼마나 아름다운가. 덧칠로 구축된 색채들의 집합이 아닌, 절대 세계에서 오는 영감의 결집체라고 하겠다. 그는 실제 대금 소리를 좋아한다고 한다. 그래서 김영동과 함께 있는 시간을 즐긴다고 한다. 그래서인지 그의 그림은 동양의 음률이 더 느껴진다. 관람자는 색채가 주는 감미로운 수사법도 건지겠지만, 대금에서 흘러나오는 소리의 음산함도 느낀다. 때문에 그림이 주는 감동의 파노라마는 음악으로 전이된다. 좋은 그림은 음악과 같은 울림을 주고 시적 이미지를 떠올린다.

> 꽃눈이 내 몸 속에서 부산하게 집 한 채 짓는다 겨우내 웅크려 있던 꽃눈이 힘껏 물관부를 끌어올려 가지를 탱탱하게 세운다 내 몸은 우주 쪽으로 귀를 연다 뿌리의 힘은 막강하다 느린 맥박이 겨울잠을 쳐들고 꽃눈의 비눗방울들이 폭력처럼 지붕을 덮는다 사랑하던 시간들이 지나가고 누군가 잡았던 손을 놓는다
>
> 내 몸속의 집 한 채 가볍게 허물어지며 터지는 꽃잎, 저 선홍빛 꽃잎들
>
> –하두자, 「다시 봄, 진달래」 에서

그의 그림은 몸속의 집 한 채를 허물게 한 것이 아니라 집 한 채를 벌게 했다. 그도 돌담이 빼곡한 집 한 채를 벌어 가슴이 뿌듯하다. 꽃눈의 폭력을 맞은 집들은 과연 어떤 집일까. 꽃과 폭력은 과연 가당치나 한 것일까. 현란한 아름다움으로 때리는 폭력은 행복한 통증을 맛본다. 그렇지만 노화가는 늙어가는 현실만으로도 긴 겨울잠의 표피를 깰 수 없다. 사랑하는 시간을 붙잡으려다가 물관부로 끌어올린 힘으로 그림 앞에 화가는 스스로 갇힌다. 꽃눈의 비눗방울들이 폭력처럼 지붕을 때리는데 그의 색채 우주는 어딜 가나 사슬이다. 불확실한 형태와 형태를 유기적 상관관계에 배열한다는 것은 피 흘림이기 때문이다.

气2, 박주가리는 또 다른 우주의 근원

캔버스에 아크릴, 5×4', 2005

플러그를 꽂는다. 气는 잠든 색채에 생명의 힘을 불어넣는다. 气는 곧 화력이요, 빛이다. 빛은 모든 피조물에 가능성을 준다. 빛을 얻은 그림은 존재자로서 새로운 의미로 다가온다. 气가 관람자의 곁에 오기까지 박주가리는 탐색의 대상에 불과했다. 흰색의 씨앗을 바람에 날리며 도처에 자리하려는 용트림은 화가 곧 자신이었다. 일상성 속에 갇혀 존재의 압박감에 시달리다가 박주가리가 터짐으로 해서 오히려 자신에게 초연해진다. 그래서 气는 곽훈 화백의 모체이기도 하다. 보이지도 않고 볼 수도 없는 것이 그림의 근원이라면, 그는 살아서도 그림으로 존재하고 죽어서도 그림으로 존재하니 필시 타고난 환쟁이이다. 气란 없지만 있는 것, 도처에서 그는 재현되며 추상표현이라는 장벽을 气로써 초월한다고 할까. 흔히 그림의 추상 표현 앞에서 관람자는 찬양조 아니면 경멸조로 다가간다. 관람자는 그 속에서 억지를 부리는가 하면 아예 냉담해진다. 하지만 그의 그림은 첫눈에 미술은 조형언어라는 말과 일치한다. 추상화는 두꺼운 관념층을 지니고 있다고 앞서 말했다. 그 관념이 무너지는 순간 시각 세계는 돛을 달고 심층 세계의 잠자는 기호를 끌어내는 데 부족함이 없다. 그리하여 형태와 색채는 소통의 기능을 가졌다는 확신을 건진다.

박주가리라는 겨자씨만 한 우주가 발아함으로써 그의 영혼도 육체도 승천한다. 푸른 동선의 물결이 부활을 부추긴다. 박주가리는 형태로써 내용전달이 아니라 율동감 넘치는 붓질에 이끌려 절정을 이룬다. 이내 다른 형상의 두 화면을 일치시켜 준다. 조안 미첼의 추상화가 여성상을 느낄 수 없게 했듯이 빗살무늬의 섬세한 터치는 그의 남성상을 잊게 한다. 그것은 박주가리를 통한 그의 체험이 다만 환쟁이로서만 존재하게 했기 때문이다. 멀리멀리 존재의 흔적도 없이 날아가는 박주가리 씨앗의 미세한 솜털, 그런 가녀린 몸놀림이 천리안을 달고 우주의 곳곳에 방사되고 있다. 강렬한 색채는 곽훈을 우주 도처로 사색하게 한다. 빠르고 거침 없는 색채 에너지는 관람자의 언어를 무르익게 한다.

气3, 전이되지 않는 气는 气가 아니다

캔버스에 오일, 168×137cm, 2005

천근만근 짐 훌훌 털고 나오신다 까치발 세우고 코를 벌룽거리며
나오신다 불막대기 누더기 짐을 벗고 몸을 여니 속이고 성이고 파란
하늘이다
홀라당 벗은 배롱나무 향긋한 맨살 갠지름치며 까르르 까르르 뒹군다
꽃뱀의 알몸으로 칭칭 감고 뒹군다 닫아걸고만 살았던 몸의 구멍구멍이
활활 탄다

–김순일, 「개심사 연못가 배롱나무꽃」 에서

천근만근의 짐을 훌훌 털고 허공 길 헤쳐 나가는 박주가리는 그야말로 까치발이다. 허공 속을 버티는 까치발의 힘은 알몸의 궤적을 알고 있다. 닫아걸고만 살았던 화가의 자아가 생성되는 순간이다. 솜털로 무한천공을 헤쳐 나가는 그 힘이야말로 곽훈이라는 존재자의 힘이다. 그것은 둥글고 세포핵 같은 입자의 형성으로 화폭을 장악한다. 결국 气의 방사는 색채의 율동이요, 색채는 생명의 힘을 얻어 관람자의 감명을 샘솟게 한다. 색채가 주는 시적 은유의 맛깔스러움을 자아냈기 때문이다. 또 두 화면이 각각 만나 조형의 필연성을 제시해주었고, 시적 은유의 해석을 가능하게 해주었다. 말보다 침묵이 더 가능한 추상화 앞에서 화폭 구석구석을 눈으로 보행하기란 쉽지 않다. 气는 미묘한 그 자체이지만, 전이되지 않는 气는 气가 아니다. 그 气란 곽훈의 气요, 박주가리의 气요, 독특한 형상에서 오는 气이다. 때문에 그의 그림은 미지에 올 색채마저 관람자를 예감하게 한다. 气 때문이라고 믿고 싶다. 그의 유년은 한반도에 있기에 때때로 그의 착상을 지배한다. 뉴욕에서 고향이 있는 쪽으로 한생이 한사코 휘어지는 까닭

은 그가 박주가리 씨앗이기 때문이다. 매 순간 그림을 그리는 그의 등이 휘어질 때 그는 다시 씨앗의 갈 길을 붓끝에 내릴 것이다. 그의 우주는 화면 밖으로 튀어나오려 한다. 그를 청장년으로 돌아가게 한다. 그만큼 정력적이라 하겠다.

그러므로
나는 때때로 그대 영혼의 창가에 머물며
고요히 나뭇가지를 흔든다.
어느 날에는 별보다도 손닿기 어려운
첨탑을 어루만지며
가슴 시린 자유를 꿈꾼다.
–손종호, 「바람을 타고 나는 새들은 알고 있다」 에서

그렇다. 화가는 자유 속에서도 자유를 갈망한다. 색채 삼매에 포박되었던 스스로의 포승줄에 묶이어 가슴 시린 자유를 구원한다. 때때로 영혼의 창가에 머물러 별보다 가 닿기 어려운 첨탑을 쳐다본다. 곽훈이 걸어온 뒷길이 아스라하다. 그들의 추상적 숭고성에 다가간 관람자는 고독을 두텁게 할 뿐이다. 화가의 상상력을 얼마나 접근하는가와는 무관하다. 그러기에 화가는 더욱 고독하다. 그 고독은 응징되지도 않는다. 모든 화가들이 다양한 모험으로 캔버스를 접할수록 고독에 시달린다. 그들은 평범성의 탈피를 위해 필생을 다 바친다. 그래서 많은 경험으로 캔버스에 시간을 오려 붙이다가 예기치 않은 작품이 되기도 한다. 착상조차 때로는 화가의 영

혼을 결박한다. 관람자의 안계지수와 점점 거리가 멀어지기 때문이다. 그래선지 화가의 사후에서야 관람자와 소통이 더 가능한지도 모른다. 영혼의 눈과 육체의 눈이 커뮤니티를 이룬 탓일까. 영혼의 소통은 화가의 일생을 송두리째 소모하게 한다. 하지만 관람자가 그 착상의 모호성에 끌려가는 일이야말로 추상화 감상 입문의 즐거움이 아닐까.

곽훈은 걷는다. 손종호의 시에서처럼 깊은 잠조차 거두고 침묵으로써 곤고한 혀를 떠나 여행을 한다. 미지에 올 색채에 고요히 점화하며 소더비, 크리스티 어딘가에서 등 굽어 가고 있다. 그가 저물어 갈수록 气는 더욱 빛난다. 시간이 그를 허물수록 气는 더 오랜 세월 버틴 힘으로 세상에 나왔다. 그의 그림이 세계 곳곳에서 气를 발산하기를 기도해 본다.

오치균의 마음속 폐광촌

– 그림 속 사북

오치균의 마음속 폐광촌

– 그림 속 사북

좋은 그림은 숨소리를 지니고 있다. 그 숨소리는 결을 느끼게 한다. 맥 짚기에 끌려 나오는 병명처럼 관객의 눈에 사로잡힌다. 쪼옥 고른 숨결이 있어 평정을 찾는가 하면, 널뛰기 같은 들숨 날숨이 있어 관객의 눈거리를 갖고 놀 때도 있다. 가까이 혹은 멀리 관객이 취하는 모션과 그림의 복잡도와는 상관없다. 이때 복잡도는 시각적 효과라고 하자. 그 효과를 발산하는 주체는 무엇일까. 색채와 구도와 질감과 소재와 그 밖에 거리가 있다. 그 거리에 작가의 영혼과 고뇌와 열정이 있다. 좋은 거리로 채워진 그림 속 피조물은 '핀에 꽂힌 나비'라는 절취선에서 해방된다. 왜? 많은 사람의 눈빛 맥에 이끌려 나온 때문 아닐까. 그것의 과학적 속성은 따지지 말자. 프레스코화건 아크릴 오일화건. 꽃이거나 돌이거나 유정물 무정물 상관없이 붓은 이미 이들에게 시공을 초월하는 자유로움을 주었다. 이 피조물은

민들레

밋밋한 벽 앞에서도 과거의 중심에 선 듯 관객에게 경이로움을 준다. 그림은 몇 세기 전의 그림일지라도 시제와 시차를 초월한다. 애기똥풀 같은 어린 들풀에게 목숨을 줘 동서고금의 변방까지도 살아나게 한다. 또 많은 문화권에도 순도 99.9 금 같은 밀착성을 준다. 발칙한 제도 가운데에서도 벽을 향해 당당하게 자기 자리를 못질하게 하는 그림의 힘. 몇 광달(光達) 거리를 건너가서 얼굴색이 다른 인종의 마음속에 각인된 이유는 '살아 있는' 숨결 때문이다. 그 숨결은 곧 화가의 정직함이라고 할까. 수많은 신발을 멈추게 하는 정직함. 그 정직함의 소실점이 지구의 정반대쪽에 찍히건 그렇지 않건 관객은 아랑곳하지 않는다. 학문으로 다가가고, 역사로 다가가고 정서로 다가간다. 때로는 주술적 느낌마저 준다. 결을 느낀다는 파장이 이다지도 질긴 것일까.

돌아가는 길

"한 바구니 3,000원!" 낡은 스피커가 동네 주머니를 입질한다. 좀체로 물리지 않는다. 되레 강아지에게 소리의 방향이 물어 뜯긴다. 수면 위로 부유하는 한여름의 뙤약볕이 누구에게도 풍경화가 되어주지 못하고 있다.

나는 수면 아래에서 잔잔히 끓고 있다. 몇 년째 오치균의 화집은 내게서 그를 숙성시키기에 이르렀다. '사북집'이라는 호칭에서조차 발효기간이 느껴진다. 그림을 사지 못하는 마음속 기류가 주정액으로 섞여가는 탓일 게다. “아! 오치균” 여전히 그렇게 부르고 싶다. 누구나 그렇다고? 맨 처음 그의 그림 앞에서 쏠림 현상을 느꼈다. 좌우사방에 울림과 들림이 있는 듯, 내 감각은 그의 깊은 마티에르에 압도당해 버린다. 절단기로 잘라낸 듯, 중심이 잘려 나가고 가생이 풍경이 관객의 앞에 섰다.

잘려나간 풍경까지도 관객의 앞에서 너덜거린다. 스산한 봄 소리가 골목을 휑하고 지나간다. 홀로 해산하는 난리 통의 여인처럼 민들레가 다급히 피었다. 몇 년 전만 해도 겨울 내내 탄가루를 뒤집어 쓴 민들레가 피었다. 그해도 피고 저 해도 피고 올해도 피었다. 탄재가 키운 노란 우주이다. 무릎을 기운 빨간 내의를 입었다가 벗은 지 얼마 되지 않은 노인네 같다. 골목을 나오다가 못 볼 사람으로부터 고개를 숙인다. 혼자 골목을 지키고 앉았는 노란 고양이. 봄이 와도 골목은 그늘이 깊다.

골목의 꼬리뼈가 길수록 우울의 깊이도 깊다. 누군가 다녀갔을 시간도 짐작이 안 된다. ‘산타페’의 하늘 같은 짙푸른 청색이 골목에서 툭 쏟아져 나올 것만 같다. 민들레 혼자 감당하기 힘겨운 적요가 흐른다. 그림에서 공감각적 기능이란 무엇일까. 민들레는 어디쯤에서 대물림된 홀씨였을까. 이 골목마저도 한때 장사꾼들의 확성기 소리를 쏟아낸 뒤끝은 보이지 않는다.

골목을 돌아가면 아직도 화투짝을 맞추는 사람들이 있을까. 이 모든 생각들이 관념으로 침잠되는 순간, 좋은 그림이란 보는 것에서 ‘듣게 하는 기능’까지 한다는 영악한 논리에 부딪친다. 마그리트의 이종결합체들, 두 개의 파이프라는 사물을 통해 보는 기능에서 ‘듣게 하는 기능’까지 하여, 형상과 관념을 오버랩시키는 마술사. 각종 버전으로 해바라기를 등장시켜 낙화 과정의 인고를 숨소리로 느끼게 하는 고흐, 그림이야말로 양극화가 심하다. '이발소 그림'으로 갈 것인가. 기억의 징검다리를 건너 많은 관객 곁으로 갈 것인가. 이렇듯 민들레의 출현은 오치균에게 사북행의 당위성을 불어넣는다. 사북행은 이런 이유에서 계속 진행된다. 폐문, 폐경, 폐간, 폐칩, 이미 문 닫은 것은 두려움을 먼 방향으로 돌려놓는다. 민들레가 오치균의 기억 속을 홀씨로 날아가 자생하는 동안 폐광은 언니들의 젓가락 소리가 들리고, 고향을 떠난 저마다의 이유가 빨랫줄에 펄럭이는 파노라마가 있다. 그리움을 키우는 민들레, 문짝이나 벽으로 스치는 바람소리에 제 키의 눈금을 대보고는 이내 체념한다. 저녁에는 낮게 엎드려 옛 언니들을 꿈꾸어 본다. 온몸으로 전생의 노란 열물을 토하는 꽃의 인과. 하지만 찌그러진 양은냄비만 하나 있어도 삶의 지표로 삼을 수 있는 폐허보다 폐광은 더 노랗다. 염병 색깔이다. 죽을상을 한 인간까지도 멀리 돌아간다. '폐광'은 '문 닫음'이란 선포식이 오래전에 있었던 것일까.

툭툭 꽃을 털며 마침내 그대 일어설 때
보는가 숨죽여 엎드렸던 잡풀들 사이
펄럭이며 달려와 우리 앞에 서는
이 깊디깊은 눈물 끝 간 데 없는
우리들의 귀로(歸路)

–고두현, 「먼 길 온 사람」 에서

한 몸, 두 몸 바삐 지나온 그 길을 민들레가 꽃잎 털며 일어선다. 우리들이 가야 할 적막강산의 마지막 풍경은 어디인지. 온몸으로 적막을 뿜으면서 일어나는 우리들의 길. 두고 온 그 길. 좋은 그림이란 물감 속에서 태어나는 게 아니라 관객의 시선 속에서 일어난다. 이때 회화의 독서를 만들어낸다. 벽으로부터 문자가 필요 없는 독서삼매에 빠진다. '좋은', '좋다' 느낌의 전이는 주술까지도 낳는다. 민들레 한 송이만으로도 우리는 제멋대로 그림을 줄창 읽을 수 있어서일까. 골목의 끝 답답한 벽면, 조경이 제멋대로 잘려나간 구도일지라도 관객은 합일을 이루어낸다. 사북으로 온당하게 가야 할 이유가 거기 있는 것이다. 그래서 오치균의 폐광은 진행형이다.

파란 골목

분홍색 집

파장이 끝난 저녁 시장을 돌았다. 어린 황게 열 마리를 사 왔다. 오빠가 여덟 마리 먹을 동안 나는 두 마리로 시간을 조율해야 했다. 황게 옆구리로 노란 알의 바다가 툭, 툭 불거졌다. 오빠가 한 입 그득 먹는 동안 나는 게의 뾰족한 발끝만 핥는다. 여덟 마리와 두 마리라는 비율은 어린 내게도 민망하기 짝이 없다. 차라리 골목 어귀에서 엄마를 기다리는 편이 더 수월하다. 내 것 다 먹고 매번 건너편 쟁반을 바라보기란 머쓱하기 짝이 없다. 장사 나간 엄마를 기다리는 동안 손깍지 속의 동전 한 닢은 큰 힘이 되어 주었다. 내가 버티는 이유였다. 감나무, 살구나무 양쪽 집 나무들이 골목에 이끼를 키우고, 제 몸을 으깬 돌들이 입구에 둔덕을 이루어 주었다. 나도 한 장의 조악한 돌이 되어 골목의 입새를 채웠다. 내 등짝에 돌이 어른거릴 때 오빠는 훌쩍 커서 먼저 이승을 떠나 버렸다.

오치균의 그림은 골목이 많다. 가생이 풍경을 훅 잘라 와서 볼거리가 없을 것 같다. 그런데 나를 온통 수다하게 만든다. 진정한 회화는 작가 스스로의 자생적 논리가 바탕이 된다고. 어느새 그의 농밀한 색채에 녹아 흘러 반론의 여지가 없다. 물론 관객은 미의식으로만 보지 않는다. 〈골목 2001〉〈핑크 집 2000〉 배경의 성격만으로도 시대의 역사성을 짐작한다. 집 떠난 사람들의 흔적을 지워버리는 골목의 고통, 골목은 예사의 길이 아니다. 꺾이는 자리마다 역사의 뒤안이다. 그 고통의 자리가 비록 단순 구도 형식이지만 작가는 색상의 채도를 낮추고 자기만의 분위기를 위해 손가락의 날을 세웠다. 전혀 움직이지 않는 사물의 밝기 대비를 위해 몇 가지의 색을 또 덧칠한다. 흘러내리는 듯한 재질감은 우울, 판타지, 적요, 상실감, 볼거리, 들을 거리까지 가세한다. 핑크 집으로 가는 초입조차 우울함으로 떠넘기기 쉽다. 슬쩍 고개를 내민 민들레, 무슨 환청이 들리는 듯 민들레가 푸르스름한 벽면을 향해 말을 건넨다. 이내 우울은 차단되고 경쾌해진다. 어두운 색상 사이사이, 밝기 대비가 끼어들어 오치균의 그림은 그만의 절대적 세계를 구축한다. 색상이 주는 피로감도 없다. 그는 붓이 아닌 손끝으로 그림을 그린다. 겹겹이 흘러내리는 색채는 그 두께에서 공예적 요소를 보이게 한다. 마치 흙으로 빚는 느낌이 든다. 화판이라는 물리적 시야를 전혀 못 느낀 채 오히려 압도당하게 한다.

구불구불 길 위로 길 하나 가는 걸 보았느냐. 아무리 곧은길도 굽어가는 천형을 보았느냐. 평생을 달아나도 제 몸의 길 벗어날 수 없어 서럽게 울며 흰 길 위로 달아나는 한 발 초록길을 보았느냐.

–반칠환, 「꽃뱀의 목에 꽃무늬를 두르는 시」 에서

골목은 사람의 길이 아니다. 사람이 만든 뱀 길이다. 신작로를 향해 갈 수 없는 뱀의 운명적 길이다. 골목은 맨 처음 살았던 사람에게 한결 휘어져 기억을 몰고 오게 하는 길이다. 뱀과 골목, 그 태어남에서부터 평생을 휘어져 천형이라고 했던가. 사북 골목의 저녁은 금세 저문다. 후딱 또 천 년이 갈 것 같다. 그 무게를 더하고 있는 골목의 핑크 집. 두드려도 열리지 않는 창문. 창살 없는 문은 문짝으로서 저녁 어스름을 막아내고 있다. 아니 일상과 시간에 대응할 아무런 움직임이 없다. 저녁놀의 부스러기가 사람의 낯빛처럼 집 벽을 물들였지만 취기가 없다. 고독한 술꾼들의 끝물도 가신 지 오래이다. 오치균의 뇌리에서 골목은 버전이 한결 다르다. 소란스러운 색들이 손 터치를 따라 기묘하게 흘러내린다. 그러다가 멈춘 형상은 마치 화강암 같다. 그래! 우리가 중심이라고 믿었던 것이 밀려나고 풍경의 사이드가 다시 화석으로 굳어진다. 봄꽃과 봄나무, 지붕, 적요, 푸른 하늘, 핑크색 벽면들. 모든 것은 이미 폐광의 진화였다. 지질시대에 살았던 풍경들, 인적 끊긴 거리의 배경이 되느라고 한사코 용썼다. 오치균의 폐활량 속에 무호흡으로 감당해내던 민들레와 집 지붕들, 그것은 그림이 아니다. 화석이다.

육체를 색면에 누인 슬픈 영혼

– 마크 로스코

육체를 색면에 누인 슬픈 영혼

– 마크 로스코

그림의 천수千壽는 어디까지인가. 천수를 누리는 그림이 밀려온다. 국경이 없다. 종교, 인종의 구분도 없다. 예술이란 명분으로 시간을 줄다리기 한다. 미적 가치만 인정되면 물러서고 돌아섬이 없다. 거대함이 오그라지지도 않는다. 순항에 닻을 달고 시공의 아득함을 향해 정박해간다. 천수를 누려서 욕됨을 보이는 것은 또 없는가. 인간은 미래 가치를 위해 예술뿐만 아니라 종교까지도 만수萬壽를 짓는다. 이래저래 인간이 짓는 일은 바쁘다. 영원과 순간과 찰나의 장력을 짓고 사는 일이라 더욱 바쁘다. 고달픔도 모르는 이 바쁨. 바쁨이야말로 영혼의 허기를 달래주는 때문일까. 때로는 전투적 자세로 달려드는 저 천수의 횡포. 뙤약볕에 문전성시를 이루는 지친 관객을 본다. 천수의 횡포에 몸과 눈과 마음을 다 내주고도 모자라 금세기에 살아 있음을 행복해하는 내 꼬락서니. 멀고 가까운 갤러리 주소지들이 몰려온다. 산등성의 봉홧불처럼 연기를 피우며 나를 정박하러 온다. 그러나 때로는 나를 상륙하지 못할 때가 있다. 몸은 전시장을 가도 영혼이 움직이지 않는다. 눈은 천수의 이유를 가려내도 영혼의 오감이 움직이지 않는다. 테크닉이나 기법만 난무하는 그림은 내게서 전멸된다. 다만 진기한 그림에 불과하다. 국경을 넘나드는 자유를 획득했지만, 그림의 다양성은 인간을 넘지 못할 때가 있다. 좋은 그림은 나를 이겨내고 대중을 이겨내고 시대를 이겨낸다. 그러기에 역사를 주도하고 죽음의 저편에서도 또 살아난다. 오래전 죽음에 이르던 자리는 다만 선정의 자리일 뿐, 부활은 계속된다. 이제 막 천수의 자리로 묵언수행에 든 그림을 만났다.

찌는 더위는 누구에게나 우군이 아니다. 한낮의 뙤약볕이 고목 밑둥치로 부리를 박고 있었다. 더위의 기세에 물러설 자리가 없다. 아주 방정한 나의 생각이 한남동까지 맹렬하게 몸을 끌고 갔다. '엄마 가실 때 지질한 것 다 태워 저승에 함께 보내야지.' 조석으로 엄마를 망자로 만든다. 엄마는 이승에 사는 망자이다. 구십을 바라보긴 해도 죽는 준비에는 수십 년 이골이 나 있다. 기억의 꼭지들이 하나같이 여물다. 그때마다 내 젊음은 내성 반응이 생겼다. 이렇게 저렇게 죽음의 공포를 들이대도 엄마는 끄덕도 않는다는 것을. 엄마는 입안 가득 약을 한 주먹씩 털어내면서 저승을 밀쳐내는 것이다. 그러면서 양학이 아침의 수풀로 들어가 자작하게 늙는다. 젊은 날에 간 것을 복도 많다고. 억센 사내 같은 양학이 아침의 흰 기둥에 기대어 이 여름도 그렇게 처연하다.

양학이는 스물이 넘도록 앞트임이 건수가 안 된다. 여밀 곳을 여미지 못한다. 왼쪽으로 기울어진 머리의 각도는 나이 먹는 것이 멈추었다. 시간이 정지되었다. 활엽수 같은 그의 몸은 앞만 보고 달린다. 골목을 돌아가야 집이 있다는 것을 모른다. 직립보행만 한다. 아짐의 한은 경자 언니의 청상까지 가세한다. 어느 날 삼이 선 나의 눈에 오십천은 광란했다. 징채에 강물을 둘둘 말아 "재앵-야 재앵-야" 놋 징 울리는 소리가 수수 허리를 꺾었다. 길은 저마다 징소리에 파묻혀 달빛을 토해냈다. 박수 징잡이들이 아짐들과 어울려 빨갛고 파랗게 상모 줄이 되어 돌아갔다. 양학이 아짐의 비녀는 아짐의 산발을 보며 짓밟히고 있었다. 사람들은 신명인지 슬픔인지 방파제 끝에서 곧잘 인광으로 피어나곤 했다. 물결 깊숙한 곳에서 이무기가 끌려나오기를 기다리는 듯했다. 내 여섯 살 한쪽 눈 안으로 한 가문의 몰락이 잎맥처럼 돋아났다. 그날 밤 이후로 양학과 아짐은 보이지 않았다. 숭엄한 비극만이 전설적 대물림을 유지하는 것일까. 아짐 집안의 슬픔은 보는 이마다 입을 탔다. "재앵-야 재앵-야" 엄마는 징소리의 여운처럼 오래도록 그 후렴을 달고 갔다. 그 밤의 징소리는 내게 굴착기였다. 소각의 대상에서 우선이었다. 하지만 오랫동안 우려낸 슬픔의 탕제는 색깔이 있었다. 어두운 색감, 밝은 색감, 입담에서 우러난 색깔은 숭엄하기까지 했다. 가슴팍에 새끼를 치는 비극의 숭엄함, 말을 아낄수록 숭엄해지는 비극, 그 비극의 원형질을 만들어낸 마크 로스코. 그는 말 아낌의 형상을 색으로 토해냈다. 색은 경전을 엮어갔다.

무제, 캔버스에 아크릴, 1970

그의 색면은 슬픔을 우려내는 삼투력을 갖고 있다. 어째서 평면의 색면 앞에서 슬픔이 우러나온단 말인가. 그의 색면은 한 색에 대한 절정이 보인다. 더 이상 아름다울 수 없는 색의 절정에서 멈추고 있다. 색의 본연이 지향하는 정점에서 색이 인간을 바라본다. 거기에는 형체도 없고 그림의 언어적 표현도 없다. 막연하다. 그런데 가슴과 눈이 동시에 촉촉해진다. 그래! 모든 절정은 비극을 담고 있다. 절정이란 지탱의 순간이 너무 짧다. 어쩜 그 한순간을 로스코는 인류에게 마술했는지 모른다. 차곡차곡 직사각형을 색면에 눕히면서 그는 스스로가 깊어 갔다. 그 절정의 짧은 한순간을 이 세상에 존재하기 위해 그는 자신을 가두어 놓은 것이다. 그리고 그 안에 침잠되기 시작했다. 이미 일상을 빠져 나올 수 없는 색의 늪에서 출구는 퇴로가 되었다. 붉디붉은 그 색은 경외감마저 준다. 색과 색끼리 긋는 경계선, 색의 영역은 많은 것을 말하고 있다. '색즉시공色卽是空 공즉시색空卽是色' 그 붉음의 경계 속은 숭배의 대상을 지니고 있다.

나는 지금 하관(下官)의 둘레에 섞여서
슬픔을 한 구덩이 속으로 쓸어 넣는
산 자들의 의식을 지루하게 지켜보지만
새로 덮은 구덩이조차
누가 맨홀처럼 아뜩하게 퍼뜨리는지
그가 죽었다
지상의 구멍 하나 저렇게 메워지고 있다
–김명인, 「구멍」에서

색면과 지상. 색은 이분법을 요구한다. 그의 일상은 색으로만 접합이 되고 있다. 색은 로스코에게 삶의 전부이다. 색은 그의 피가 거꾸로 솟을 만큼 일상을 다 털어 넣게 했다. 그의 색면은 평면이 지은 구멍이다. 붉디붉어서 흰 자리가 돌출된다. 색 웅덩이가 보인다. 색이 깊으면 깊을수록 현실 세계에서 내몰리는 구덩이도 깊다. 지상의 구멍 하나 산 자들이 파고 있지만, 그는 살아생전 자기를 파고 있었다. 색과 색의 경계가 나타날수록 색은 더욱 근엄해진다. 매일매일 하관의 둘레에 싸여 어느 날 사라짐을 덮는 맨홀 뚜껑 하나 키우고 있었다. 있고도 없고 없고도 있는 허방의 세계에서 색과 싸우는 일은 그의 존재 이유였다. 그러다가 색의 저쪽 캄캄한 어둠에서 퇴로를 만난다. '쾅' 하고 색 문을 닫는다. 아! 저리도 깊게 누워 가는 직사각형의 색면들. 세상의 허방들을 눕히면서 그것이 자신을 눕히리라는 종말을 예감하지 못하는 미련함.

"색들을 너무 눕히지 마라. 평면이라고 우습게 보고 계속 누이다 보면 막힘의 저 뒤쪽이 또 출구가 되리라."

No.10, 캔버스에 유채, 1949

저리도 붉은 색이 누우면서 척후에 있는 색들에게 말을 한다. 색들은 피할 수 없는 순간을 끌려들어가 로스코를 지상에서 덮는 의식이 되어버렸다. 1970년 이후 아무도 그를 본 사람은 없다. 어떤 표현의 순간도 그에게서 거부당했다. 양학이 아짐이 간 강물의 저 깊은 뒤쪽이 있었던 것처럼, 색면의 저 뒤쪽으로 그는 걸어갔다.

로스코에게 색면 회화는 죽음으로 가는 절차였다. 한때, 새, 물고기, 바다, 봄, 그의 안계 방향으로 자연이 군집해 왔다. 템페라 물감 속에서 기괴하게 몸을 섞는 사물의 형상들. 그러다가 형상의 경계들은 사라지고 모든 형체들은 의인화되었다. 거대한 캔버스는 관객의 온몸을 그림 안에 세웠다. '그림 안에 나 있다'가 되어 버렸다.

No.9, 종합재료, 1948

깃털처럼 부드러운 색면의 질감은 그림 명상록처럼 보였다. 임파스토에서 마술처럼 우러나오는 색의 부드러움은 빛의 입자 그 자체였다. 관객을 순간순간 명상하게 했다. 빛의 철창에서 자유를 찾은 색상들. 색은 색이라고 명명하던 무게를 벗어나 허공에서 부유하고 있었다. 머리에서 발끝까지 장기를 빼고 가볍게 날아드는 색의 영혼들. 주황, 빨강, 청색의 색상들은 마치 인간의 장기였던 것처럼 그 형체를 띠며 캔버스를 유유자적한다. 이내 어두워진다. 질병에 든 한 인간의 고뇌가 청색을 띠며 다시 부유하는 것이다. 상류나 하류, 근원이 없는 색은 색면 앞에서 관객은 무료한 표류를 하게 한다. 색은 빛의 잔등을 밟고서야 제 몸의 색色기를 발한다. 색들에게서 빛은 멍석이다. 멍석 위에 군집하는 색들은 인간의 표류를 청승맞게 한다. '대체 무엇이지?' 색면은 생면부지로 낯가림을 준다. 저 어둠 한가운데로 유색의 제 몸을 돌려줄 때까지 관객을 붙잡고 있다. 더는 속내를 줄 수 없어 관객은 색면을 물러난다. 이미 관객은 로스코의 색면 미늘에 걸려 경외하기 시작한다.

그러나 허물을 벗어 놓고 여름을 우는 매미처럼
하나의 열망으로 노래하리니
꾹꾹 허공에다 지문을 눌러 찍으며 물결쳐가는 노래여
질질 끓는 아랫목으로 붙들어가듯 가는 노래에
더 슬픈 노래여
나는 이제 심장을 바치러 온다.

–문태준, 「나는 심장을 바치러 온다」 에서

시간의 바닷속에서 색면으로 물결치던 로스코의 노래는 타고 있었다. 색면 속에 심장을 던지고 저물어 갈 때 더는 무엇이 남겠는가. 휘몰이 하던 그림 장단도 끊기고 그의 존재는 한 장의 색면으로 누워 색으로 우는 것이다.

그림은 조형을 통하여 시각적 효과를 거듭한다. 많은 시간이 축적된 후 작가는 조형의 언어를 가지 칠 때가 있다. 자칫 소재주의에 빠질 뻔했던 허세에서 벗어나 내면에 충실해진다. 그래서 작가는 개인의 역사를 뒤돌아보고 끊임없이 변신한다. 로스코는 그 시간의 불순물을 몰아내는 데 필생을 바쳤다. 색에 어둠과 빛의 동시공존을 위해서 색과 전쟁을 치렀다. 그의 선 자리는 피 흘림이었다. 참선에 들듯 색에 든 것이다. 고통의 엽록소를 내밀기 위해 맨 아래 영혼을 깔았다. 다시 짙푸른 색을 뉘었다. 잎 하나하나가 활기에 넘치는 활엽수가 아니라 서늘하고 잘 마르는 대나무의 엽록소였다. 저 색 문 밖을 나가면 그의 삶은 경전이 아니라 터전이었다. 색 없는 터전에서는 어떤 박수갈채도 축복이 아니었다. 이젠 날듯 부드러운 질감도 없다. 색면은 차고 단단해졌다. 그토록 아름답고 황홀한 색면의 신생은 사라지고 모든 시간이 정지되었다. 고난도 멈추었다. 관객의 좌우사방은 어두워서 차라리 '뿌우연' 밝음을 느낀다. 그리고 보인다. 검정 회색 지상의 언저리, 저 깊숙한 곳에 색의 성자가 걸어가고 있지 않은가.

저 산자락 험악한 보폭을 등에 지고
한숨도 못 자고 지나가는
계곡의 물소리

바람이 여울을 건너뛸 때마다

두릅나무 가시에 찔리는

산문의 고요

차마 새 한 마리 띄우지 못하는 봉우리끼리

아서라. 빗장을 열어 보이는 꽃 필 무렵

–박선옥,「적멸寂滅」에서

무제, 종이에 아크릴, 1969

바람 속을 떠도는 곤궁한 포유류들. 어머니이고 자식이고 나를 결박하는 중생이란 이름의 소임들이 멈추었다. 흘러가고 흘러오고 색의 뻘 위에서 무작위로 성글던 느낌들. 모두가 멸하고 없다. '무엇에 대하여' 낯설고 익숙한 시간도 없다. 보색의 충돌, 완화도 없다. 자신을 색면으로 눕혔던 그 자리도 사라졌다. 무제가 아니라 적멸의 자리, 바로 거기인 것이다. 곧 헐거워진 것들을 추슬러 '생명 있음'으로 돌아날 것인가. 지금은 일체의 것들도 자기 자리에서 경계를 넘지 말라고 경고한다.

1970년 로스코는 그렇게 적멸에 들었다. 그에게서 색면은 경전이었다. 많은 그림이 죽어서도 깨어나 소란스러움을 감당했지만, 로스코는 관객에게 천수의 명분은 주지 않았다. 그러나 그는 작가와 관객이 묵인수행의 그 자리에 함께 있기를 원했다. 그래서 더욱 숭고하다. 엄마를 망자로 지으며 얻었던 슬픔의 조짐들. 엄마의 후렴에서 듣는 양학이 아집의 붉은 슬픔을 이제 놓고 싶다. 이 조짐들의 갱도 속을 빠져 나오며 나는 슬며시 문을 닫는다. 다시 갤러리 봉화는 이어진다. 내가 로스코를 읽고 있는 시간은 참으로 행복했다. 내 삶의 무늬는 또 이런 시간으로 결을 짓는다.

벽에 걸린 두 계단

– 한지선과 카르티에 브레송

벽에 걸린 두 계단

– 한지선과 카르티에 브레송

생물의 적응 현상에는 주의보가 없다. 크거나 사소한 기미조차도 감당해야 한다. 예고도 없는 굴레야말로 스스로가 주체가 되는 데 익숙하게 한다. 그렇게 현상의 주체가 되어 제 생명의 길이만큼 튼실하게 살다가 육肉의 옷을 벗는다. 현상에 부대끼지 않으려는 도피도 없다. 이미 한사리라는 올무는 탄생에서 시작된다. 이 올무에 대한 적응이야말로 풍경처럼 달리게 한다. 풍향계나 등대는 더더욱 없다. 이 적응 현상의 세계에서 살아남는 건 순전히 생명 있음의 몫 때문이다. 산월이 되면 물가에 나와 춤을 춘다는 캘리포니아의 그러니언, 머나먼 알래스카에서 굽이굽이 돌아온 연어의 귀소본능, 상처를 받으면 진액을 분비해 스스로의 상처를 덮는 굴참나무, 자작나무, 물푸레나무. 그 허름한 보호색을 껴안고 진화의 과정을 겪는 생물의 적응 현상은 놀랍고 또 슬프기까지 하다. 그러나 이런 적응 현상 속에서 유독 인간만이 뛰어남은 무엇 때문일까. 그것은 생물학적 진화뿐만 아니라 문화적 진화를 거쳐 온다는 다의성多義性이 포진된 때문일 것이다. DNA를 이용한 미래태까지도 통찰하고 있는 놀라운 적응력, 그 적응력은 예술적 상상력을 극치에 달하게 한다. 끊임없는 독창성, 새로운 패러다임이 시간을 박차고 나온다. 촉각을 곤두세우고 한계치에 도전해 나오는 손놀림. 고요한 착지로 다가오는 그 예술 속에서 미술도 생명 현상의 아우라Aura를 일으킨다. 하지만 돌아서면 이내 배고픔을 느끼는 이 허기증은 영혼의 배고픔 탓일까.

뉴에이지라는 명분 아래 관객의 혼재를 거듭하는 그림이 내 시간을 송두리째 끌고 다닌다. 벽걸이용이면서 때로는 인간의 설 자리를 감히 연출하는 신종 회화들. 관객의 적응은 현상에 부합하지 못하고 정지하고 있다. 이해하고 상징하는 일련의 재능이 잠시 멈추어 버렸다. 톱니바퀴가 엇나가는 기분으로 캘리포니아의 색즉멸(그러니언)을 생각한다. 더러는 벽그림이 지나간 시간과 잠재태를 동원하는 환기창으로서 큰 구실을 할 때가 있다.

성북리 아리랑 고개는 내 마음속 유령의 서식지였다. 유령의 그 하찮은 발원은 고개에 전등불이 들어오면서 단칼에 베어졌지만, 어느새 고개의 가파름조차도 불빛에 등뼈가 낮아지고 말았다. 머리숱 많은 장정의 앞이마처럼 대나무가 무성한 고개는 밤마다 깊이 잠들 겨를이 없었다. 대숲은 서걱대는 저들의 새로운 힘에 눌려 잎날을 세우고 있었다. 비 오는 날이면 빗줄기의 허리를 끊는 댓잎의 소리가 요란했다. 후두둑 후두둑 댓잎의 저항보다 물기를 털어내는 바람의 소리가 더 으스스했다.

그 밤을 등에 지고 고개를 오르는 내 여섯 살은 격군이었다. 아부지가면 외곽을 돌아 주검처럼 살아오는 날이면, 가랑잎이 되어 즈믄 겨울을 박차고 나는 용맹스럽게 굴러 갔다. 죽서루 쪽으로 어둠의 화살을 피해 가다가 고개 쪽에서 내 그림자의 후미가 덜미를 잡힌다. 나는 대나무의 짙은 엽록소만 보아도 유령의 화력이 내게 집중됨을 느꼈다. 아무도 유령을 본 적 없어도 장대 귀신의 야찰은 내 마음 안에서 나를 추격한다. 이미 내 안에서 달아나고 내 안에서 밀려오는 것이다. 아리랑 고개에 당도할 즈음 자정의 사이렌 소리는 격군의 기력을 죄다 멸하고 만다. 그러다가 귀에 울리는 엄마의 파열음은 맹금류의 날갯짓처럼 다시 외가 쪽으로 나선을 긋는다. 그러던 어느 날 고개 중턱에서 유령의 힘보다 더욱 강하게 나를 밀쳐내는 힘을 보았다. 'ㅈㅏㅈㅣ ㄴㅏㅃㅡㄴ ㅅㅐㄲㅣ'

등 뒤에서 덜미를 잡는 유령보다 벌새의 부리로 날아와 가슴에 꽂히는 문자의 힘, 그 힘은 오금을 박아 버렸다. 문자의 갈기에서 빛이 부서졌다. 내가 아는 문자 기호의 발견은 나를 우렁차게 했다. 자정이 고개를 넘는 시각에 또 고개를 넘으면서 첫 새벽의 양기를 깊게 빨아들였다. 그리고는 내 최초의 벽화를 프리다 칼로의 눈썹처럼 그려 넣었다. 일자 눈썹과 쭉 찢어진 눈매의 사람을, 그리고 장대 귀신같은 긴 다리 사이에 다리 하나를 더 그려 넣었다. 나의 반아르누보가 시작된 것이다. 나쁜 사람은 다리가 세 개라는 공식을 만들었다.

외할머니의 오랜 불멸은 야수 같은 내 야행성을 반가이 대해 주셨다. 할머니와 나의 만남은 피붙이들의 어떤 적의에도 상관없는 시간대였다. 할머니의 초막은 깊이깊이 저물어 갔다. 곤히 잠들지 못하는 우리의 만남은 마치 물가에 나온 그러니언의 한사리마냥 밤을 꿈틀대곤 했다. 할머니가

놋재떨이에 천식 가래덩어리를 손으로 끄집어 낼 때 죽음의 봉화를 예감해야 했다. 그 봉화는 할머니 육신의 곳곳에서 점화되기 시작했다. 내 양쪽 엄지손톱에 서캐를 죽이며 할머니와 나의 긴 시간차를 조율해 나갈 수밖에 없었다. 여기저기 아주 가벼운 것들의 지나감이 빨래를 펄럭이곤 했다. 초막지붕을 넘보던 빨래는 할머니에게 끌려와 언 뼈가 꺾이면서 모조리 수급되었다.

한지선, 길(A Road), Mixed Media on Plywood, 253×236×29㎝, 2004

가랑잎 같은 내 몸만큼 할머니의 주검도 가벼웠다. 곧 사라질 풍경들이 여기저기 대못에 걸려 있었다. 예비된 적응의 기회들이 슬그머니 빠져 나가고, 다시는 벽화 앞에 설 수 없는 기미가 출구마냥 가로막았다. 또 다른 적응이 나를 기다리는 것이다.

한지선의 계단은 벽에 걸려 있다. 벽 위에 또 벽이 있다. 그 벽은 예사롭지 않다. 벽돌에 레이어드된 너덜함 때문에 중세를 유추하게 한다. 로마네스크와 고딕 가운데 서 있다. 신이 머물러 있기에는 창문이 너무 많다. 수직의 측벽에 많은 창문을 잇대어 신에 대한 두려움의 중량을 덜어내려 했을까. 궁륭을 없애고 하늘을 받아들인 계단은 어떤 신에 대해서도 개방형이다. 미래의 인간 주도형이다. 낡은 벽이야말로 칼의 힘을 믿고 역사를 주도하려던 사람들의 긴 회랑. 그 회랑의 끝을 오르면 역사의 톱날에 맞물려 돌아가던 사람들이 보일까. 살로메의 쟁반에 오른 요한의 머리도 보인다. 아시리아 적장 홀로페르네스의 목을 도려낸 유대의 여인 유디트도 보인다. 명장 오디세우스를 돼지로 둔갑한 마법의 여인 키르케. 성으로 위장하여 속을 부린 탕녀 팜 파탈들. 회랑은 아치형의 문을 원근의 정점까지 끌어올리며 기독교사의 원죄를 세척하기에 이른다. 오래전에 사람의 흔적을 비워 둔 계단, 어떤 이는 그의 계단을 이도異道 공간이라고 했다. 사실 그의 계단은 하나의 길로써 길의 역할이 다르다. 이도로써 날개 달린 계단의 출현은 참으로 뜬금없다. 수직을 운명으로서 타고난 계단이 아니라 역사가 내장되어 있는 형체물로 보인다. 그러면서 허방의 어디론가를 교신하고 있다. "나를 따르라. 내가 너희를 사람 낚는 어부가 되게 하리라." 날개를 타고 가면 문명권에서 열두 제자를 마악 거두어 가파르나움으로 가는 그리스도를 영접하리라. 세상의 어떤 몰이해와 불협화음과도 타협될 것이라는 날개의 기대치. 그림을 보는 즐거움이란 얼마나 유추하느냐에 따라 달라진다. 이 범상치 않은 입체에 갇혀 일상의 단순성을 잃어버리는 행복감. 생각은 끊임없이 부활하여 시간의 바다에 씻겨 내려간다.

그 적신赤身 위에도 새가 날아올 것 같아
새가 날아와 앉아, 한나절을 놀다 갈 것 같아
아 두 팔 벌려 맨발로 나무처럼 서 있으면 한낮의 고요 또한 푸르게 푸르게 잎 나부낄 것 같아
너와 나 사이, 끊긴 정관 이어져 맑은 물줄기의 길이 열릴 것 같아
–김신용, 「赤身의 꿈」에서

계단은 반드시 끝이 있다. 시작의 기단에서부터 마무리의 끝을 보면 형벌을 쫓는 새 한 마리 날아올 것 같다. 내 몸 여기저기 수리하여 쓸 만한 물건으로 오른다. 육신은 텅 빈 내륙일 뿐, 영혼에 날아드는 새들과의 조우, 남루한 무리들과 해종일 나부낀다. 껴입고 껴입어도 추운 텅 빈 나의 내륙이여.

그래서 계단을 또 오른다. 인간의 손이 빚은 가공의 길을 오른다. 봉제의 길을 오르면서 손 안에 한 움큼도 안 잡히는 세상 이치를 비웠다. 가랑잎처럼 가벼운 내 여섯 살을 이끌고 벽을 들어갔다. 수학 시스템 같은 계단과 벽면의 각도. 각도마다의 구도심이 포진되어 있는 탓인지 '눈속임'의 의도는 무시된다. 빛의 소멸로 인해 계단의 붕괴는 빙산의 일각이라 해도

그림이 갖는 도상의 세계는 외면하고 싶다. 계단이 지닌 속성을 따돌리고 선 원근법의 소실점을 움켜쥐고 있는 날개 덕에 배고픔의 한 절정을 이겨내기도 한다. 계단은 성과 속의 이정표 역할을 하리라는 기대에 부풀어 있다. 그래서 곧 계단이 아닌 기단에 서 있을 거라는 현실을 까맣게 잊어버린다. '그림은 어디서 생겨날까요?'라는 질문이 있을 수밖에 없다는 것을 알게 된다. 누군가 크바트에게 인간이 창조적으로 활동하면 그 어떤 명료함이 그에게 빛으로 넘쳐흘러, 그 빛이 형태를 얻게 된다고. 그 빛이 작가 인생 역경과 개성으로 나타난다고. 크바트에게 아무도 다시 묻지 않았다.

관객의 몫은 적응 현상일 뿐 빛이 사라지면 흩어진 착각을 아무도 불러 모을 수 없었다. 빛이 있는 동안 계단은 또 하나 생각의 탑으로 명료하게 다가온다. 길들여지지 않은 어둠이 빛을 가져와 관객을 벽 앞에 내몬다. 추론이라는 과제에 적응하게 한다. 날이 갈수록 스스로의 어둠을 키우는 동공, 생물학적 진화보다 문화적 진화의 가속에 끌려다녀야 하는 일상들. 이윽고 계단의 측면에 불이 들어왔다.

털외투를 벗고 침묵도 마악 벗을 참이다. 불빛 안에 서식된 빛의 사람들. 빛이 살아남으로 해서 곧 가상으로 서 있는 중세의 사람들. 음산하고 고독한 중세라는 관념의 빛깔을 더해주는 벽돌의 레이어드. 그 낡음의 정취가 아치형이라는 벽면의 문을 통해 11세기쯤으로 돌아가게 한다.

한지선, 길(A Road), Mixes Media on Plywood, 84×32×9㎝, 2005

계단이 일어선다 일어서서 검은 입을 치켜들고
나를 삼킨다 와르르 굴러 떨어지는 악어들
사나운 입에 물린 채 나는
계단 저 아래로 처박힌다

올려다보면 어느새
다시 근엄하게 펼쳐진 굳건한 계단들
불안스런 정적이 감돌고 있다

–남진우, 「계단 오르기」 에서

밟을 때마다 삐걱대는 관절의 계단이 아니다. 나의 인간된 슬기는 없고 악어 같은 포획의 무리들이 득실거린다. 계단은 때때로 우리에게 고달픈 삶을 삼키는 흡혈귀로 다가온다. 신의 형상이 저 끝에 있으리라는 벽의 울림이 들린다. 척후로 다스리고 있던 계단의 적막이 불안해진다. 관객도 한 칸의 계단으로 엎드려 있다.

한지선의 계단은 출발에서부터 일탈을 꿈꾼다. 평면 속에서 새로운 오브제를 이용한 창조적 통합을 갈망했다. 그림 같은 조각, 조각 같은 그림, 건축회화 같은 그림, 평면을 깨는 수직. 탈회화의 작용을 하고 있는 것이다. 벽에 덜미가 잡힌 채 입체를 꿈꾸지만, 입체를 꿈꾸는 평면이라고 해야 한다. 잠시 후 계단에 대한 유추는 한낮 관객의 욕망이 되어버렸다. 그는 수학적 원근보다는 그림다운 리얼리티를 더 중시했기 때문이다. 계단의 폐부 깊숙이 들어가 계단을 끌고 나온다. 그러기에 결국 계단이라는 사물의 시각 세계는 관객의 감동을 주기 위해 충분히 가동되었을 뿐이다. 불이 들어온 벽면을 통해 단절된 과거는 현재라는 시점에 다시 태어난다. 계단은 플러그 장치를 이용해 미술의 또 한 창조적 영역을 제시한다.

하지만 관객은 일상성 속에서 그림으로 전각을 새기듯 치밀하고 새로운 계단을 본다. 혼돈과 무질서, 빛과 어둠, 절망과 희망의 두엔데를 발견한다. 지금까지 新오브제를 이용한 메신저 역할의 계단에 붙들려 다녔다면, 저녁에도 아침에도 오를 현실의 계단이 눈앞에 버티고 있는 것이다. 등고선이 휘어지고 세월의 하중에 눌린 우리의 계단이 관객의 발아래 있지 않는가. 앙리 카르티에 브레송, 절정의 미학이 삶 속에 배어난다. 사람의 발이 딛을 수 있어야 길이 되는 것이고, 내 발이 가지 않는 길은 내게서 길임을

〈Henri Cartier-Bresson〉
Island of Siphnos, The Cyclades, Greece, 1961

인지할 수 없다. 엄연한 길이 계단으로 놓여 있다. 수십 년 치마를 펄럭이며 오르내렸을 저 계단의 길, 불시에 고통의 파편이 날리는 삶의 궤적, 그 궤적의 일부가 피사체로 정지되어 있다. 울 아버지가 걷어찼을 그 문짝, 질긴 연탄가스 동아줄로 골머리를 동여 맨 울 엄마. 그 문짝 너머 단칸방의 부엌 칸. 나쁜 사람은 다리가 셋일 것이라는 내 벽화의 진원지 단칸방. 계단이 꺾어지는 그 어떤 집의 서가에서 장롱 받침으로 견디고 있을 어느 시인의 첫 시집. 항시 파랑주의보를 걷는 사람들의 길을 브레송은 찾아다녔다. 쥐포 대신 껌을 씹으며. 브레송은 삶의 저편이 아닌 당장 내 곁에 있는 것들을 격전지로 이용한 것이다.

저 흙 속으로 태곳적 먼 바람 결으로 당신을 떠나보내던 날 그들은 우리 가슴에 거대한 쉼표를 하나씩 찍어대며 언뜻언뜻 날숨처럼 사라져 갔다. 파블로 네루다의 말처럼 그때 밤은 산산이 부서지고 푸른 별들은 저 멀리서 떨고 있었다. 침묵뿐인 망자의 소리로 가득 찬 돛을 달고 그들은 어디론가 거슬러 오르고 있었다.

–이승철, 「내 청춘의 비방록」 에서

계단 아래 영혼을 해맑게 담금질한 사람들이 서성이고 있다. 계단 하나하나를 참회하듯 딛고 오르면 푸른 별 하나에도 내 사랑은 닿는다. 더 오르고 오르면 죽은 망자에게도 바람으로 오를 수 있으리니. 몇은 내려가고 몇은 올라온다. 증오나 투쟁을 등지고 온 사람들. 계단에는 비루하거나 서글픈 빈 지갑 따위는 예전에 외면한 사람들이 오르고 있다. 음지와 양지를 등에 지고 오르던 계단은 아니다. 다만 영혼을 세척하면서 오늘을 살 뿐이다. 건너편에는 너절한 외짝 판자문이 아니라 속과 성을 구별하는 두터운 철제문이 버티고 있다. 수도사의 그 문이다. 그 문을 세파처럼 건너와 철제 난간을 돌아 오른다. 이제 원근의 저 끝에서 날개를 탈 사람들이 있는 모양이다. 계단 아래 세속의 삶을 종지부를 찍으면서.

내 여섯 살의 적응은 두 작가의 벽 공간에 대한 적응으로까지 진화되었다. 아무렇게나 내버려진 시간을 가지만 때로는 시간에 징발되어 시간을 살 때가 있다. 그 시간이 또 나의 시간이다. 시간은 시시때때로 적응을 요구한다. 그림과 사진이라는 전혀 다른 솜씨의 분야이지만, 예술이라는 한쪽 분야로 쏠림 현상을 주기 위해 적응의 시간을 갖는다. 피사체를 향한 허공을 찌르는 눈과, 오브제를 이용해 두드리며 패며 형리처럼 조형물을 다스리는

〈Henri Cartier-Bresson〉
Aquila, The Abruzzi, Italy, 1951

작가의 눈을 불손하지 않게 적응해 간다. 관객 옆에 예술의 성상들이 지금도 다가온다. 모든 '살아 있음'의 존재는 그러니언이 되어 또 물 타기를 한다. 때때로 새로운 패러다임의 갈망은 영혼의 배고픔으로 또 영원히 이어질 것이다.

연필로 그린 동양화

– 임태규, 주변인

연필로 그린 동양화

– 임태규, 주변인

시간을 산다는 것은 미술이다. 그림을 그리는 일이다. 시간을 사는 그 속에 조형이 있고 색채가 있다. 뒤돌아보면 밑그림도 있다. 자기만이 감지하는 바탕색이 있어 얼마나 우울했던가도 알 수 있다. 격의야 있건 없건 자기 삶의 화풍이 있는 셈이다. 색상, 형상, 구도, 보이지는 않지만 길게 이어진다. 삶이 끝날 때까지 시간은 화폭의 주체가 된다. 얼굴 따로 몸통 따로 제 마음을 그려내던 유아기, 또는 성장기. 시간 미술은 흔적이라는 붓을 놓지 않는다. 나이의 물결을 따라오는 시간들. 오는가 싶으면 벌써 저만치 가는 시간은 그림의 노쇠에까지 이르게 한다. 기척도 없이 다가와 들것 날것을 만들고 그리고 그 안에 또 묶어 둔다. 시간을 사는 그림이야말로 재주가 필요 없다. 〈삶〉이라는 제목 하나 위에 올리는 질감의 형태만 다를 뿐이다. 때로는 새벽 바다의 안개처럼 흐릿하다. 흐릿한 안개 바다의 고기를 쫓는 어선은 불안하다. 섬과 섬 사이의 복병으로 흩어져 사는 삶. 물결을 오가는 그림자 없는 삶이란 또 얼마나 고달픈가. 하지만 바쁘게 살수록 그림의 형태소도 많아진다. 온몸으로 살았기에 바디 페인팅이다. 가슴으로 부딪는 미래의 시간은 또 어떤 미술일까. '내가 세상의 빛이요 진리'일 뿐이다. 내 안에서 색상이 발원되고, 내 삶이 그림의 기저를 이루기 때문이다. 내 흔적이 가리키는 지시소에 따라서 그림도 달라진다. 삶은 가끔 피카소를 꿈꾸게도 한다. 이왈종의 그림을 험담하기도 한다. 이오니아 반도 째진 눈매의 여인들. 조각의 형상 같은 근육질 몸매, 그런가 하면 어린이의 치기를 옮겨 놓은 듯 마당 안의 군집체를 한가득 부조로 그려낸 그림들. 이들의 함의는 모두 시간과 싸워낸 자유로움과 능숙의 대명사이다. 시간은 우리를 이왈종도 되게 하고, 피카소도 되게 한다. 아무도 자기 궤적의 표면결을 형태소로 옮겨놓지 않았을 뿐, 시간 그림은 끊임없이 그려지고 있다. 그림을 구체화해야 할 부담도 없다. '삶'이라는 최고의 명화를 남기기 위해 신취향도 받아들인다. 지구가 꼭 둥글 필요는 없다. 근저에 '토러스 우주론'을 들고 나온 젊은 작가에게 일격을 당했다.

내 시간 속에는 유독 어두운 색감의 질료가 많다. 더러 주검에 있거나 죽음에 임박한 상황들이 유년의 여기저기에 붙박여 있다. 이 더러의 상황이 죽음의 필사본처럼 따라다닌다. 불행한 유년 미술의 표면결, 키네틱 · 텍스처를 이룬다. 농밀하게 덧입혀진 기억의 힘, 그 힘이야말로 긴장감을 상기시킨다. 색상대비가 강하다. 위아래 색상의 선도 강하다. 요철의 형태처럼 까끌하게 느껴진다.

대폿집 작부의 임종은 오래도록 근경에 있다. 갓 구운 쌍꺼풀에서 그녀의 희망은 그리 멀어 보이지 않았다. 그런데도 희망보다 빨리 온 작부의 죽음은 힘겨웠다. 영동지방 내륙 산간에 폭설주의보가 내릴 때마다 그녀의 죽음은 불뚝 솟아났다. 사람들의 마음에 적의의 성을 쌓은 것일까. 신발가게, 한복가게, 우동가게, 터미널이 들어서면서 구시장의 대폿집들이 빠져나갔다. 찌그러진 양재기에 막걸리를 넘치도록 담아오던 내 심부름도 막바지. 그녀와 나도 구시장에서 겨울을 나진 않을 모양이었다. 어느 날 먼 바다에 내려진 파랑주의보가 가게를 외딴 섬으로 묶어 버렸다. 뱃사람들의 바다를 암흑채색에서 걷어낼 때까지는 손아귀 속에 누운 손금마저 천근이었다. 흉어기가 따로 없다. 풍랑을 피해 들어온 외지의 어선, 그 어선과 몸을 부비는 어린 작부. 횟집의 칼 소리가 들릴 때면 그녀의 적의도 어느새 사각사각 횟감으로 썰려 갔다. 정박한 풍랑이 먼 바다로 빠져나갔을 때 엄마의 고무털신은 나를 끌고 골목에 서게 했다.

어린 작부 언니의 입에서 노란 구토물이 흘러 내렸다. 두 눈은 천장을 향해 모아졌다. 죽음을 향해 질주하는 모습이라고는 생각도 못 했다. 언니의 울음을 닮은 겨울바람이 문짝을 흔들어댔다. 얇은 꽃 팬티를 올려주고 싶었다. 한때 언니의 내륙이 된 사내를 밤의 바다에서 잡아 끌어냈다. 소리쳤다. 동네사람들 모두 나오라고. 연탄가스는 열여덟 인생의 막이 되어 버렸다. 나는 '십팔 십팔' 하고 뇌까렸다. 파랑주의보도 없는 어느 날. 파출소로 불려가는 일도 끝났다. 그녀의 초상은 된 반죽의 그림이었다. 열여덟 나이의 작부 희망은 대체 무엇일까. 구시장을 빠져나오면서 그녀와 나와의 거리는 이미 지평을 무너뜨리고 있었다. 다시는 내게 사물로 복귀될 수 없는 것들. 나는 튕겨져 나왔다. 과거라는 소실점 하나를 찍었을 뿐. 시간을 산다는 것은 새로운 복잡도를 찾아 또 떠나는 일이었다. 때때로 존재감의 상실도 있다. 실패와 성공은 그림에서의 한 형태일 뿐, 시간이 그리는 그림은 누구에게나 명화가 아닐까. 명화일수록 볼거리, 생각거리, 따지는 게 많다. 원거리 근거리, 구도, 명암의 경계, 공간감, 색채 대비 따위를 무시한 그림은 뭐 없을까? 발상의 발칙함이 이런 요주의를 뛰어넘는 일은 없단 말인가?

I can fly, 142×73㎝, indian ink, oriental color on korean paper, 2007

임태규 그림은 상象을 무시한다. 흐릿한 상, 선명한 상, 대상의 구조 따위는 쫓아냈다. 명쾌하게 맞서는 경쾌함 그 자체이다. 그림에서 읽어야 할 정보의 부담도 없다. 삶이 미술이라면 금방이라도 내 족적을 선線으로 집결될 수 있게 한다. 나도 미술가가 된 기분을 준다. 선화線畵라고 해야 할까. 공간 구석구석 선이 달려간다. 선의 지시에 따라 형태가 다양하게 탄생한다. 그의 그림은 분명히 동양화이다. 여백마다 차고 오르는 선이 동양화 기법에 있다. 선으로 낳은 치기와 사랑과 열정이 경악을 하게 한다. 예외를 만났을 때 마음의 지평은 흔들린다. 기준도 바뀐다. 질료를 이용한 그림의 수단이 파격적이어서 말이다. 작부 언니의 정서가 채도 높은 빨간색으로 다가왔다면 임태규 그림의 채도는 뻘 밭의 느낌이다. 그림에서 색상대비는 긴장감을 준다. 이 긴장감은 보색일수록 더욱 고조된다. 뻘 밭과 푸른 하늘과 푸른 바다, 관객 스스로가 느낌으로 얻는 이 색상 대비, 그래서 재미있다. 색면 회화에서 찾을 수 없는 선회화만의 매력이랄까. 그의 요동치는 선들은 서른두 살 나이답다. 능청스럽게 그어대는 선들. 한지(韓紙) 몇 장의 배접을 통해 그림이라는 세밀한 장치가 빠르게 이어진다. 한지 위에 먹물을 올리고 그 위에 몇 장의 한지가 온몸을 누인다. 먹물이 마르기 전 배접된 종이 위에 연필로 선을 긋는다. 연필로 쫓아가는 그 한없는 단순성이 시각적 효과라는 복잡도를 낳는다. 작가는 조급하다. 순백의 한지 위에 먹물을 먹은 선의 탄생이 어떻게 될지. 차고 어둡고 눅눅한 종이벽 그 뒤에 의도의 시간이 있기 때문이다. 찬 안개를 들이키고 있는 밤바다를 떠도는 기분이랄까.

뻘쭘해진다. 그의 그림에 놓이는 순간 만난 지 얼마 되지 않은 남자와

키스타일을 갖는 기분이다. 그림과 속삭일 겨를도 없다. 쾌걸조냐, 엄숙조냐 선택해야 한다. 중심에 있는 대상이 아니라 주변의 대상이라 마음은 가까이 갔다. 날개 달린 사나이. 무기력한 자신을 상황에서부터 구제받으려고 일탈을 꿈꾼다. 날개는 119가 된다. 땅에서 올라간 사다리가 아니라 창공에서 지상으로 내려온 사다리. 가슴 근육으로 날개를 움직인다. 태양 가까이 가는 이카로스의 날개가 아니라, 능선을 조절하며 오르는 날개, 현실의 날개이다. 일상의 허접들이 '날개'로 응축되기까지는 고달프다. 선이 획획 오가고 있다. 배접 위에서 속도감 있게 질주하는 손놀림은 그 어느 손 무게보다 가벼워야 한다. 가장 큰 가벼움을 잉태하기 위해 시간의 무게마저도 버려야 한다. 그러면서 최대한 회화성을 살려야 한다. 먹이 마르기 전에 주변 소재와의 대화는 숨 가쁘다. 동양화 재료의 특이성을 개발한 탓이다. 군데군데 먹에 엄지터치를 해 놓았다. 여백이 주는 시각적 효과를 살리려 함일까. 그림의 반대편에서 그림의 결과를 좇는다는 것은 임태규만의 기법이다. 때론 진부하기까지 하다. 젖은 제 몸 구석구석의 순결을 세필에 내놓기까지 한지는 저항이 없다. 칼잡이에게 허공을 내어준 하늘처럼 관대하다. 그 관대함 때문에 임태규는 바빠지고 주변거리가 의도를 타고 출연한다. 이내 진부함은 절제에 갇혀 버린다.

맨발로 오라
온몸으로 오라
대지의 흙가슴이 그대를 기다리고 있으니
머뭇거리지 마라

망설임 사이로 삶의 빛나는 휘파람소리가 줄줄이 새나가고 있으니
어서 달려와라
아직 그대의 팽팽한 눈빛
고른 치아와 붉은 입술
순간, 순간 뜨겁게 타오르는 가슴이 있지 않느냐
뒷걸음질하는
발밑에서 부서지는 오늘,
산 너머 새털구름 위에 뛰어 올라 잠꼬대하다가
풍덩, 시궁창에 머리 박는
개구리 선사禪師

홍일표, 「그대에게 2」에서

Fly away home, 142×74㎝, indian ink, oriental color on korean paper, 2007

날개를 단 〈주변인〉은 산 너머 새털구름에까지 오른다. 오랜 망설임으로 열정은 줄줄이 새어 버렸다. 방향성을 찾지 못하고 주변이라는 한 중심의 옆구리에서 맴돌았다. 하지만 절박함까지 끌어안고 대지의 가슴살로 팔짝팔짝 뛴다. 길이 따로 없다. 중심에 있는 것들의 주변을 가면 된다. 시궁창도 길이다. 풀섶, 꽃섶, 길섶, 사람섶도 그의 길이다. 천 길 낭떠러지도 마음만 먹으면 길이 된다. 주변인의 발밑에서 부서지는 오늘, 그 오늘이 나를 밀어 결국 가상현실에 도달한다. 새털구름 위와 시궁창, 주변인으로 산다는 것은 날개를 꿈꿀 수밖에 없다. 영원히 개구리로 뛰는 것이다.

주변인. 삶 속에서 주변은 끊임없이 이어진다. 선행이든 악행이든 누군가의 주변이 되어 입살에 오른다. 곧 시간이라는 그물을 끊임없이 직조한다. 관념을 깨고 들어오는 주변인의 모습들, 그의 그림에서 주변인의 요소는 의미보다는 형태로 연결된다. 째진 눈매, 다듬어진 듯 가녀린 눈썹, 습관처럼 엉클어진 머리칼의 선들. 어제도 보고 오늘도 본 주변의 사물들을 매설하고 싶을 때도 있다. '생각하게 하는 것만이 참다운 것이다.'라고 친다면 그의 그림은 곧 폐기된다. 버렸다가 다시 건지게 되는 희소가치. 그는 그만큼 새로운 매뉴얼로 다가왔기 때문이다. 한쪽 방향으로 쏠려가는 연필 비행기, 연필의 속도 주행에 따라 환호에 찬 주변인들, 대화는 없으나 눈도장에 찍혀야 주변인이다. 환호에 찬 주변인들, 여기저기 슬슬 긁어보다가 복권 당첨은 웬 말일까. 작가는 주변인의 입자가 되고 있는 온갖 제스처를 동원한다. 가늘고 섬세한 선의 움직임, 동양화의 전통 운필관에서는 볼 수 없는 일이다. 그렇지만 동양화의 줄기세포인 것만은 확실하다. 그는 또 다른 시점에 선 것이다. 분방하게 돌아가는 선의 움직임은 기괴한 형태와 치기를 낳는다. 너무나 창조적이다. 〈Indian ink, color Pigment on Korean Paper〉 분명 한지에 먹을 올리고 조용할 틈새 없이 선을 이어간다. 조형의 요소에 아낌없이 반응한다. 식상한 메뉴를 버렸다. 예술 텍스트를 새롭게 하기 위해 고민한 자욱이 역력하다.

저기 물 좋은 먹이들이
열에 익을 대로 익은 것들이
하얀 팔다리를 다 드러내고
불빛 아래 쓰러져 누워 몸을 말리고 있네요
외간 여자 옆에 누운 외간 남자를
나는 한 입에 털어 넣고도 속이 허해
또 다시 입맛을 다셔 봅니다
늦은 저녁 볏단처럼 누워 있는 사람들 사이로 헤집고 들어가
젊은 남녀 한 쌍이 서로의 몸을 조물락거리며 만든 변을
새알처럼 꿀꺽 주워 삼키고
어떤 남자의 불룩한 배꼽 아래를
닭다리 하나 뜯듯 찢어 발기고
–김찬옥, 「CCTV」에서

충격이다. 이런 것도 그림이 된단 말인가. 그림이랄 수 없는 괴기들이 관객의 방어기제를 무너뜨린다. 가족들만 모아둔 괴기들이 CCTV에 들켜버렸다. 어린 도깨비와 감각의 주파수를 맞추면서 일상이지만 외계를 살고 있다. 패닉에 다다른 큰 눈은 튀어나올 것 같다. 선 하나하나의 방향이

monster, 172×140㎝, indian ink, oriental color on korean paper, 2007

공감각을 일으킨다. 조용한 지면 위에서 경쾌함과 신선함의 파동이 느껴지기 때문이다. 왕눈이 여자의 눈 쏠림과 이불 속으로 들어가는 개의 모습, 흔들리는 시트에서 행위의 빠르기와 변화를 유추한다. 경쾌함과 나른함, 일상의 무료함, 느낌의 변화도 일어난다. 화면 어느 구석도 먹물로 일어나는 지각 변화라고 믿을 수 없다. 뜨악할 뿐이다. 실시간 모니터링을 당하고 있는 현대인의 모습이다. 이불의 사람들, 인간과 살을 맞대는 동물, 허전함의 나눔들, 그림이 되는 것들이 너무나 생생하다. 그림의 미적 효과의 총량은 보이는 수단과 명확함이 정확할수록 올라간다. 여기에 기법의 특이성까지 가세해서 수치를 높인다. 임태규 그림은 멀리, 가까이, 중간이 없다. 거리감을 사용하지 않는다. 그래도 난데없는 패턴이 들어와 시각적 효과를 높인다. 관객에게 지루하지 않는 새로운 경험을 하게 하는 것이다.

임태규 그림은 즐거움을 쫓아가게 한다. 내면에 묵은지처럼 곰삭아 있는 공포를 몰아낸다. 피안을 향해 눈을 모으던 작부 언니, 팔월의 오십천 강가에서 거적 밑으로 푸르뎅뎅한 두 발만 내민 사내, 죽은 아기를 들쳐 업고 소나기 속을 짐승처럼 울던 영심이 아줌마, 멀리 철길 위에서 천둥 번개와 함께 누워 있던 아저씨. 수십 년 내 기억 속에 탑승하여 나를 억누르던 공포를 치유하려 했을까. 덜그럭 덜그럭 쇳소리가 되어 끌려나오는 죽음의 그림. 공포 치유의 에너지는 어디에 있는 것일까. 그림에 등장하는 주변인의 도열이 곧 관객의 자아이다. 그의 그림은 새로운 영역에서 시각적 욕구를 채워준다. 그것에 동화되면, 오래된 유년이 슬슬 끄집혀 온다. 아마도 주변인과의 동질성 때문이 아닐까. "어떻게 이런 재료와 방식으로 이런 효과를 낼 수 있을까." 그에게 던지는 관객의 물음이 나온다.

feeling, 60×74㎝, indian ink, oriental color on korean paper, 2007

그림과 담소하는 시간은 즐겁다. 메를로퐁티가 말했듯 세계가 우리를 만지는 것을 볼 수 있도록 화가는 정작 몸을 빌려주는 존재에 불과할까. 그렇다. 그냥 놓아두면 스쳐 지나갈 것들을 화가는 우리에게 고정시켜 준다. 아니 날라다준다. 관념을 박차고 날아드는 임태큐토피아의 동물과 꽃들. 꽃과 동물과 사람이 우주적 존재로서 필선을 타고 있다. 도발적이긴 하나 신개념의 형태들이 그림을 보는 긴장감을 더해준다 '농밀한 가벼움을 가장 치밀하게 끌어넣는 능력.' 그래! 그의 능력이다. 세잔은 일찍이 능력이라고 했겠다.

등에 짐을 지고 한 여자가 언덕을 내려온다. 땀이 흥건한 여자의 가죽을 햇볕이 옥수수 껍질처럼 벗긴다. 사나워진 햇빛에 찔린 새들은 뜨거운 다리를 떼어내지 못하고 날아간다. 상한 냄새가 진동하는 여자는 몸에서 쉬지 않고 길을 뽑아낸다. 길은 연탄집게 같은 여자의 맨발이 지나간 곳에서만 생겨난다. 살로 만들어진 물컹거리는 길 아래로 지붕들이 다닥다닥 모여든다. 구름들도 몰려온다. 여자의 몸에서 두 개의 유방이 나란히 허공으로 떠오른다.

–이원, 「한 여자가 간다」 에서

왕눈이 여자는 꽃을 뽑아낸다. 우주가 담은 허공을 뽑아낸다. 상한 냄새가 나도록 살아야 하는 왕눈이 여자는 고달프다. 여자도 물컹하고 길고 물컹하다. 그냥 허투루 표현했을까. 이미지의 감각성을 살리기 위해 이 '물컹거림'의 터치감은 임태규 한지의 물컹거림과 왜곡됨으로 만난다. 이 왜곡과 왜곡의 만남은 새로움의 변형을 잉태한다. 그래서 그림과 시에 해학이 넘친다고 말하면 주제 넘는 것일까. 기묘하긴 둘 다 마찬가지이다. 우주에서 길을 뽑아내는 여자나 고달픈 삶에서 길을 뽑아내는 여자나. 하지만 두 작가의 '기발함'의 고뇌는 여기서 끝나지 않을 것 같다.

색채가 있는 이불에서 일어나 해종일 색채를 만나고 헤어졌다. 푸른 색, 어두운 색, 머리 위에 하늘을 이고 암묵색의 어둠을 헤치고. 시간이 긋는 선묘를 따라 색채를 그 안에 가두었다. 삶을 짓는 의식 속에 그림은 계속 진행형이다. 혼동과 방황 속에서 존립 그 자체가 흔들릴 때도 그림은 계속 이어졌다. 삶이 그랬듯이 그림도 꼭 아름다워야만 한다는 철칙은 없다. 생장 과정에 따라서 그림도 양태가 다르다. 어떻게 살았건 누구나 자기 그림 한 점씩을 껴안고 살아간다. 달팽이 집이다. 그 집이 그림이다. 그 집의 하중이 무거워 잠시 길을 끈적이고 굴러보지만 그 또한 그림이다. 결국 나는 세잔이고 피카소이고 내가 그리는 그림이 명화 아닐까. 타의 추종을 불허하는 나만의 기법. 가장 큰 면적을 가진 나만의 대형화. 이미 시간이 Sold out을 시켜버렸다. 완판. 시간이 죄다 사 버린 것이다. 격의야 있건 없건 붓이 꺾이는 시점에서 일어설 수 없을 때까지 그림은 이어진다. 진정 삶은 미술이다.

아름다운 가학 행위

– 사석원의 동물들

아름다운 가학 행위

– 사석원의 동물들

아름다움에는 어떤 조건이 없다. 규칙도 없다. 더 높은 시공을 향하여 끊임없이 줄넘기를 돌리는 작가의 노력만 있을 뿐이다. 조건은 없지만 자타의 마음자리 가운데 있기 위한 그것이 합목적일 수 있다. 창의력이라는 위대한 힘이 모든 인식의 잣대에서 자유롭게 해준다. 하지만 아름다움을 바라보는 관객은 공통의 기준을 넘어선 조금치의 까탈이 있다. 그 까탈은 개인의 주관적인 취향으로 미루어 버리자. 그래도 미술만큼 인간의 공동 관심사도 없기 때문이다. 그저 눈으로 바라보고, 마음으로 전달하기만 하면 될 뿐, 자꾸 발품을 팔면서 관객이 되다 보면 불가능이 가능해지는 것도 미술이다. 아름다움이 주는 쾌감, 미술이라는 형식이 주는 이 '쾌감'에 맛 들린다. 이 쾌감을 위해 작가는 '절묘함'이라는 삼투현상을 연구한다. 한 장의 그림에 혼과 정신을 넣기 위해 사물에 대한 가학 행위를 하게 된다. 방식과 절차에 따라 사물이 받는 자극도 달라진다.

사물은 그림으로 묶여가면서 메시지 저장소로 거듭난다. 평면 속의 깊이를 위해 작가는 구구절절을 넣기도 하고, 빼기도 한다. 표면과 배면의 간극을 오가며 만리장성을 가듯 가지만, 실은 제자리에 있다. 가학의 붓을 든 신체 행위에 머물러 있는 것이다. 이 가학을 받아들이는 평면이야말로 조건투성이다. 완성을 전제로 한다. 이미 출발할 때 50호, 100호 등 정해져 있다. 정사각, 직사각, 시야를 옭아맨 형틀이 되었다. 아름다움에 위배되어서는 안 되는 절대성을 가지고 있다. 화판과 작가 사이의 보이지 않는 거리가 있다. '절묘'의 울림을 주기 위해 천편일률과 격렬하게 싸워야 한다. 화폭의 대상이 되는 사물을 끌어와 계속 발기시켜야 한다. 이 사물의 발기를 가학하는 작가는 '예술'이라는 이름으로 면죄 받는다. 면죄와 가학이 되풀이되면서 사물 표현의 최고점이 벽을 또 장식해 준다. 때때로 사물은 작가를 숨기고 싶어한다. 안계치에서 널브러져 있는 '넘쳐남'을 스스로가 밀어내고 싶어한다. 평면이 매번 똑같은 깊이로 배치되는 것을 싫어한다는 말이다. 때때로 작가에게 사물이 교훈을 준다. 보는 미술에서 생각하는 미술, 작가를 외적인 형태에만 머물러 있지 말기를 재촉한다. 그래서 미술은 날로 어렵다. 관객의 시간을 붙잡아두는 만큼 관객의 머릿속도 휘둘리기 때문이다.

제목이 〈무제〉를 달수록 관객은 그림의 갯고랑을 빠져나가기가 더욱 어렵다. 제목이 관념화할수록 그림은 시선을 빨아 당기는 흡반이 되어 간다. 하지만 좋은 그림은 이 고랑 저 고랑 관객을 끌고 다니다가도 스스로가 길을 열어 준다. 뻘 같은 갯고랑을 빠져나오기 위해 관객은 가시可視에서 가지可知를 공부한다. 아무도 추격해 오지 않는 시간에 공간 세상을 열어 놓고 자신을 붙잡아 두는 그림에 대해 자립해 가는 것이다. 관객은 필연적으로 누워 있는 그림 속 사물에 대해 이유를 갖다 대고야 만다. 그러기에 작가는 그림으로 있는 자신의 자아를 더욱 혹독하게 몰아간다. 살아 있는 단 한 점의 살까지도 태운다. 세잔의 말처럼 "나는 풍경의 의식이다." 급기야는 사물의 내부로 들어가 풍경이 되어보는 것이다. 풍경의 내부로 있는 동안 그림은 더 다양해져 간다. 망막 회화에서 설치 회화로 전위를 띠면서 직성을 풀려는 힘을 발휘한다. 작가는 시간의 안쪽으로 도구를 끌고 가서 예술 정신의 무늬를 각인시킨다. 꽉 찬 그 에너지는 화판이라는 염전을 낳고 반짝반짝 순도 높은 소금으로 우리에게 거듭난다. 그런데 좋은 그림도 사람의 눈에서 이내 소멸되는 개별성을 갖고 있다. 계절과 날씨에 따라 좋은 풍경도 먹구름에 엉키면 질풍노도가 되듯 말이다. 인생사, 질풍노도를 비벼서 원양을 건너온 듯, 잠시만이라도 눈을 즐겁게 하는 그림을 만났다. 퓨전 동양화의 효시라 했던가.

1952년, 모든 예술가들이 눈먼 동력으로 방향성을 잃고 있을 때였다. 이념으로 얼룩져 세상 곳곳이 자신의 위치를 숨기고 있었다. 이때 바다 건너 런던의 한 중심지에서 〈POP〉은 콘처럼 튕겨져 나왔다. 해밀턴의 콜라주 작품이 모든 사물에 등장하여 〈POP ART〉의 원천이 되어 준 것이다. 만화, TV 세트, 먹는 햄, 간판, 가전제품, 침대, 인간의 심벌 등 대량 생산이 가능한 것들에 디자인되어 현실 세계를 즐겁게 해 주었다. 대중화한 콜라주는 한 물질성의 형태로 인간의 곁에 있게 된 것이다. 물론 40년 이전으로 거슬러 가면 아상블라주라는 새로운 콜라주 형태가 피카소나 브라크에 의해

먼동, 캔버스에 유채, 73×160㎝, 2004

소개는 되었지만 말이다. 이때 그림은 '그림일 뿐이다'를 붙잡고 있는 인식을 무참히 무너뜨렸다. 대중에게 파고드는 그 특이한 형태는 감성을 자극하는 큰 힘으로 작용되어 갔다. 이처럼 새로움의 도전은 대중을 즐겁게 하는 에너지가 된다. 색채와 그림꼴의 형태가 발휘하는 순수한 에너지는 영혼까지 건드린다.

먼동이 튼다. 나귀는 산길을 잡아 소나무 숲의 어둠을 죄다 밟고 가면서 먼동 앞에 섰다. 바다의 거무튀튀한 진동을 느끼면서 아무도 건너가지 않는 미지를 대책 없이 바라본다. 그것은 곧 사석원 어깨의 짐이다. 빨강과 초록, 청색과 오렌지색, 어딘가 숨어 있는 새로운 색상 대비를 찾아 떠나야 할 고뇌하는 작가의 모습이다. 색채와 두터운 질감을 찾아 지구를 몇 바퀴씩 돌아야 하는 색채 걸식자. 사방이 바람으로 말라가는 꽃짐의 시한부를 보면서 지중해의 아를르로 잠적하려는 고갱을 떠올린다. 그래 화가는 단 한 점의 그림도 스스로는 팔 수 없는 영원한 고갱인지도 모른다. 끊임없이 색채의 존재를 찾아 자신을 건조시키는 바다 앞의 당나귀가 아닐까. 향기로운 색채의 꽃짐을 부려놓았을 때 꽃잎은 이미 지상에 없다. 나귀의 눈매가 그렇듯 깊은 시름에 젖은 화가에게 색은 하나의 언어 작용으로 다가온다. 곧 감정 상태의 뉘앙스로 효과를 발휘한다. 검푸른 우주와 맞닿은 바다와 하늘, 그 하늘 아래 해심만큼 깊은 고뇌에 빠진 나귀. 다리 아래 파도에 쓸리는 배는 차라리 부질없다. 꽃짐을 실어 아름다운 가학의 존재로서 나귀는 우리에게 새로이 다가왔건만…… 새벽의 광휘 앞에 선 나귀의 존재는, 사석원의 독특한 패턴으로 다시 움직인다. 그래서 그의 그림을 즐기는 이유가 여기에 있다?

꿈이 높았거든
신이 꽃잎 닮은 나래 한 쌍을 주시었지
무겁고 거추장스럽지 않게 꽃잎만 한 것으로
여리고 작아도 바다를 건너고 대륙을 횡단할 수 있지
땅바닥의 꿈을 버리면 땅위를 얻고
땅 위를 버리면 하늘도 얻게 되지
꽃의 꿈을 버리고 꽃잎 노래를 얻었듯이
–유안진, 「나비 날아다니는 꽃잎 한 쌍」에서

이제 나귀는 온몸을 뒤척이는 몇 개의 대양주를 건너 사바세계를 바라본다. 마음속 검은 개펄 속에 치밀어 오르는 쓸쓸함을 재워 놓고, 눈을 깜빡인다. 아무래도 색채 바다에서 홀로 포효하는 사석원의 눈매를 닮았다.

강아지도 물새도 사람도, 섬에서는 똥구멍을 조심하라 했다. 똥침보다 더 드세게 파고드는 바람 때문에 혼 구멍이 난 작가의 눈. 그 눈매가 먼 바다를 건너온 당나귀를 닮았을까. 개밥바라기별이 장미 다발에 발 내리고 초승달까지 나귀 등을 수레로 딛는 밤. 어디선가 '당나귀 블루스'가 사운드로 들린다. 꽃은 날개가 되어 절로 박자를 꼽았다가 띄었다가 하늘로 당기기도 한다. 황홀한 원시성이 어두운 하늘에 그득하다. 사석원의 내 하루는 술 먹은 듯 거나하다.

달밤, 캔버스에 유채, 80.3×116.8㎝(50p), 2004

나귀의 이름은 달밤이었다. 한 일 년쯤 나귀를 벽에 걸었다. 산 채로 나귀를 미라로 만들어가는 고통이 점차 엄습해 왔다. 그래! 그림은 작가의 표현력에 따라 감상자의 마음을 움직인다고. 야수의 힘을 뺀 당나귀의 몸은 온통 연민으로 다가왔지만, 밤하늘 아래 휘청거리는 나귀는 시지프스의 전설을 되풀이하곤 했다. 새로운 현실과 타협해야 하는 시간 전쟁에서 나귀를 풀어주고 싶었다. 어느새 굳어가는 그의 사지는 빨강과 파랑 보색이 주는 후광도 사라졌다. 본디 색은 색끼리 간섭을 주고받는다. 어떤 색이든 주색이 되면 후광색을 거느리게 된다. 가장 강렬하게 대비하여 보색관계, 가장 순하게 인접하여 조화색이라 말을 한다. 때문에 색채에는 상징적인 힘이 작용한다. 이 힘이 빠지면서 나귀 등은 맨 처음과는 달리 꿈이나 노래도 다 말라버린 꽃 시래기에 불과했다.

사석원의 동물은 인간과의 화해 기능을 한다. 원시적 생명력을 모토로 삼는다고 하지만, 동물의 드셈이 수풀 없는 배경으로 인해 가히 은유적이다. 이런 은유는 동물의 등허리에서 자주 나타난다. 양 뿔에 사뿐히 앉아 있는 참새 한 마리, 온갖 현란한 색깔로 조류하는 양 등허리 위, 새들의 주둥이, 긴 다리를 떼고 싶어도 등의 어미 새와 새끼 새 때문에 갈 길을 멈춘 나귀. 결국 낯선 곳에서 어슬렁거리는 사석원의 먼 길 타기가 알레고리로 나타나는 것이다. 이 알레고리에 찬사를 느끼고 달려드는 관객은 가히 폭발적이다. 화려한 색상을 입고 원시의 주술처럼 우리 곁에 있는 동물 우화야말로 디지털 시대의 난해함에서 벗어나게 해주는 마력이 있다.

'알 수 없는 방식'과 형식의 틀에서 얽매여 있던 시야들이 그의 그림을 만나고부터 편해지는 이유는 곧 이런 '어처구니없는 쾌락'을 소유하기 때문이리라. 고기는 씹을수록 맛있고, 자주 먹는 사람이 맛을 안다고, 사석원 그림의 육질을 찾아 갤러리를 메우는 그들이 알까마는 염소의 눈매 같은 사석원의 순한 눈에서 외로움의 절규는 더욱 깊어만 간다.

> 마음이 또 수수밭을 지난다. 머위 잎 몇 장 더 얹어
> 뒤란으로 간다 저녁만큼 저문 것이 여기 또 있다
> 개밥바라기별이
> 내 눈보다 먼저 땅을 들여다본다
> 세상을 내려놓고는 길 한쪽도 볼 수 없다
> 논둑길 너머 길 끝에는 보리밭이 있고
> 보릿고개를 넘은 세월이 있다
> 바람은 자꾸 등짝을 때리고 절골의 그림자는
> 암처럼 깊다 나는
> 몇 번 머리를 흔들고 산 속의 산
> 산 위의 산을 본다 산은 올려다보아야
> 한다는 걸 이제야 알았다 저기 저
> 푸른 것들이 어깨를 툭 친다 올라가라고
> 그래야 한다고 나를 부추기는 솔바람 속에서
> 내 막막함도 올라간다 번쩍 제정신이 든다
> –천양희, 「마음의 수수밭」 에서

나는 3kg 설탕 무게만 한 짐승과 함께 자고 함께 일어난다. 서로가 맛의 대상이 아니라는 것을 스킨십으로 알고 있다. 어깨를 툭 치며 부추기는 푸른 것보다 더욱 푸르게 온전히 나를 버티고 있다. 씻지 않은 내 발치에

서 몸을 돌돌 말아 어두운 세상의 온갖 소리에 귀를 열고 자는 나의 짐승. 오직 충성만으로 교접한 이 순간을 그림만큼 붙잡아두는 수단이 또 어디에 있을까. 어둠을 몇 장 더 얹어 개밥바라기별이 길을 덮어도 먼 데 있는 소리까지 뒤척이는 동물의 마음, 집개의 마음 씀. 함께 보리죽을 쑤어 먹고 그 몇 전생에서 여기까지 당도한 우리의 막막함도 이제 제정신으로 돌려놓는다. 지금 이 험한 세상이라도 둘을 내려놓으면 함께할 그 어느 곳도 없다는 것을. 험한 세상이라도 우리가 함께 있는 세상은 좋다. 대문을 나서면 그와 나는 이내 '유기체'로서 적의조차도 뿌릴 곳이 없다는 것을 안다. 불판 위에 칼 맞은 짐승의 고기를 노릇노릇 구울 때면, 나는 그에게서 남다른 짐승 한 마리일 뿐이다. 그의 몸속에서 '고기를 구워먹는 사람 짐승'으로 꽉 차 있는 것이다. 이 완전한 부끄러움을 매번 되풀이한다. 염치없다. 사방에서 집쥐의 눈들이 밤을 뭉쳐 있고, 개집 밖을 나온 집개들이 허공을 땅바닥에 놓았다가 올렸다가, 암처럼 절골의 아침에 또 든다. 짐승의 아침은 더더욱 어둡다.

다시 파도가 밀려오고
수심처럼
샘이 깊어지고
샘이 깊어질 때에도
푸른 눈을 깜박이며 행성들이
가슴에다 보석을 쏟아 부을 때에도
도망갈 때까지 도망가리라

새와 염소, 캔버스에 유채, 90.9×72.7㎝(30p), 2004

그래도 할 수 없거든

너는 그때

폐허에서 홀로 포효하는 짐승

온몸으로 사랑하는 시인이리라

–문정희, 「슬픈 충고」 에서

할머니 눈매가 염소 눈을 닮아가는 저녁 무렵이었다. 할머니는 치다 만 산란山蘭처럼 등촉이 몹시 휘어졌다. 까만 동공보다 흰자위가 점점 에워싸며 근심의 무게를 가세했다. 삽적이 다 저물어 가는데도 도꾸가 돌아오지 않았다. 돌아오지 않는 도꾸를 기다리느라 싸리대문은 휑하니 열려 있었다. 도꾸는 한때 열세 마리 새끼를 순산한 적이 있었다. 열셋을 낳아 단 두 딸만 건진 할머니에겐 더 없는 기쁨이었다. 6대 독자를 전장에서 잃은 할머니 집의 큰 지킴이었다. 양철지붕 아래 바둑판 같은 방들이 웅크리고 앉은 서까래 밑에서 도꾸는 내 발길에 심심찮게 채였다. 염소 울음이 삼장사 절터를 목탁소리보다 간절히 들릴 때, 때 맞춰 도꾸는 영영 돌아오지 않았다. 한참 후에서야 도꾸가 돌아오지 못한 이유를 소문으로 들었다. 방목해 놓은 에미 염소 울음도 멈추고, 도꾸의 늘어진 젖가슴도 마루 밑에서 영원히 보이지 않았다. 그해 겨울 주인 없는 개털이 마루 밑에서 눈발에 엉켜 있었다.

사석원 그림꼴은 말랑한 생生것을 느끼게 한다. 生짜배기, 生음료, 生캔디, 사석원 안의 색들은 관객이 느낄 사이 없이 보색 후광이 나타난다. 빨강 뒤에 초록, 노랑 옆에 파랑. 색상들이 화폭에 떨어지는 순간, 生으로 엉키며 형상을 만들어간다. 색채들끼리 뒤엉켜 야수성을 만들어 간다. 생것들의 몸 섞임은 해학과 풍자, 익살이 천연덕스럽게 조형으로 나타난다. 세상이 노랗게 익어가는 황금 들녘이다. 곡식 낟알이 뱃속 그득하다. 술 익는 세상에서 참새 떼마저 흥에 겹다. 등이 간지러워 꼬리를 세웠지만, 염소 할배는 한껏 참는다. 온통 세상은 블루스이고 지루박이다. 화실에 홀로 있는 작가를 의식해 염소 할배는 세상에 남겨진 즐거움의 분배를 고려한다.

내 등 뒤에서 내 등을 잡지 말아라

정작 한 소리 마음을 내노니
저편 한 사람 외로운 이도 볼 일이요,
날 기울면 이편 쪽 마음도 줄 일이다.
가는 일 없음을 나는 아노니
–박정만, 「저 무화의 꽃상여」 에서

율동 감각을 지니고 태어난 동물은 마치 취객처럼 인간화한다. 인간의 온기로 다시 태어난 동물들은 날짐승이나 들짐승이나 경계가 없다. 호미와 쟁기를 쥐어주면 저물어서 돌아올 것 같은 친근감이 있다. 관객은 무엇을 그렸는지도 모를 그림 앞에서 골몰하지 않는다. 그런 면에서 사석원의 그림은 역사, 동기, 배경을 고심하지 않아도 된다. 그의 강렬한 색상에서 오는 채도는 때때로 거부감을 느끼기도 한다. 하지만 색의 강렬함은 그의 주장이기도 하거니와 생동감이라고나 할까.

붓이 가는 대로 잡히는 대로 온몸의 힘이 쏟아진다. 야성의 힘이 내리꽂힌다. 갈기 선 짐승의 힘으로 그림을 그리는 것은 아닐지. 그 힘의 주색들이 주저없이 광휘해지고, 색의 어우러짐이 관객의 집을 유쾌 시리즈로 만든다. 혼색을 통하여 마티에르는 깊어지고 발상은 또 어디로 튈지 궁금하다. 전시장마다 완판!

가을들에서, 캔버스에 유채, 60.6×72.7㎝(20p), 2004

장미 다발을 힘겹게 이고 바다 이쪽 끝에 선 당나귀. 당나귀 짐수레나 떠올렸던 추억을 따돌리는 작가의 황홀한 가학. 우리 주변에서 이제 가학은 넘쳐 난다. 거꾸로 그린 그림을 좇아가고, 몇 만 년 전의 화석 같은 부조 그림이 등장하고, 해골 유희 같은 설치 미술이 우리를 기다린다. 그림이 관객을 붙잡고 디지털 시대의 극댓값을 치르라 한다. 대동맥, 심장, 허파, 섬뜩하리만큼 인간 내부를 조작하여 눈 값을 치르라 한다. POP의 시대에 열광 받는 대상은 결국 자신을 더 가학한다. 작가는 창조 아닌 창조에 자신을 내던졌기 때문이다. 사석원의 당나귀 눈매가 측은한 이유도 또 여기에 있는 게 아닐까. 가학은 다시 또 쾌락으로 관객에게 이어진다. 이제 그림은 벽에 걸리는 시간의 결과물이 아니라, 인간과 함께 공간 속에서 거주한다. 그러기에 당당하게 시대에 대해 말을 한다. 그림은 새로운 의미의 주기 운동으로 관객이 이끄는 눈의 힘 속에서 작용한다. 사물을 황홀하게 가학하는 작가가 있는 한 인류는 그 값을 치르고 만다.

적멸에 든 꽃잎들

– 김종학, 전병현, 하상림

적멸에 든 꽃잎들

– 김종학, 전병현, 하상림

그림 앞에 섰다. 자주 비수에 찔린다. 찔리는 몸뚱어리가 통증의 그 어디에도 매임이 없다는 걸 안다. 금속의 속도가 스스로도 감당치 못하면서 빠르게 꽂힌다. 들림, 울림으로 버무려진 속도는 공감각 현상으로 내게 왔으렷다. 현재에 있으면서 과거로 쟁여 넣듯, 과거에 있으면서 미래를 보는 듯, 보는 것이면서 귀를 울리는 듯.

그림을 찾아 나서는 동안 관객은 비수의 행선지를 안다. 묻지 않아도 행선지가 비수를 찾아 과녁이 되곤 한다. 그림의 아우라가 강할수록 마음은 수차 경사를 이룬다. 오름 내림의 굴곡을 꼽히는 비수도 관객을 귀향자의 발걸음으로 되돌려 보낼 때가 있다. 그림의 어느 한 시점에 생각을 묶어놓고 또 다시 발걸음을 우회한다. 좋은 그림을 찾아 관객은 스스로가 썰물이 되어 빠져나간다. 그렇다면 칼침의 전율을 느끼게 하는 그림만이 위대한가.

그림은 그 성질머리가 유별남을 바탕에 깔고 있다. 관객의 취향이 외면하면 비수의 속도는 발기조차도 않는다. 경사는커녕 마음자리에 참호를 파놓고 눌러앉는다. 그것뿐인가. 일촉즉발이라는 방해물이 발길에 따라다닌다. 취향이 아닌 그림은 스쳐 지나감의 흔적조차도 맛볼 수 없다. 화가의 예술적 직감이 대단한 미적 변수를 낳았다 해도 관객은 취향을 놓고 흥정하려 한다.

위대한 예술가는 위대한 과학자라고 했다. 색과 형태 속에 복잡함을 넣기 위해 때때로 미쳐가고 있다. 이를 불구하고 관객의 취향 때문에 가난이 손톱 밑에 배어 나오는 작가는 얼마나 많은가. 관객의 취향은 예술가를 고뇌하고 핍박하는 변수로 따라다닌다. 고흐와 박수근의 절실한 배고픔이 오늘에 과연 닿을 수 있을까. 고흐의 노란 바탕색은 다만 정신질환의 일부로 그 먼 시점에서 지금껏 따라다닌다. 자신을 총질할 만큼 가난은 고흐의 자아를 삼켜버렸다. 정신의 문제가 더 우세하게 색으로 눌러 붙어 있다. 박수근의 화강암 같은 저채도의 모노톤 역시 너무나 질박해서 취향이라는 그 난폭함에 저지당하고 말았다. 이렇듯 관객의 취향은 색과 화풍 형태에서 산발적으로 괴롭힌다. 취향은 그림 가격에도 작용한다. 남녀노소, 연령, 그림을 읽어 내림이 나이에도 작용하고, 절기와 기분, 나라, 국민성에도 작용한다. 프레임에 갇힌 허상이지만 벽에 걸린 책갈피 한 장이 되어 읽혀지기를 수백 년 한다.

어떤 그림은 꽉 차게 비어 있는 그 한없는 단순성이 거대한 가격을 만나 품계를 지킨다. 달랑 붓 자국 두 개가 우주의 내공으로 경매 시장의 함성을 터져 나오게 할 때가 있다. 최고가의 갱신을 향해 노가 부러질 정도로 관객의 취향에 빠르게 가 닿는 것이다. 수식을 비운 그림들, 감상자의 중력을 끌어낸 힘이 돈과 정비례된다. 작가 스스로가 비워낸 그림을 관객이 채워 넣으라는 숙제 값일까. 취향의 화력은 작가를 깊이 품기도 하고 내치기도 한다. 하지만 관객의 취향보다 작가의 취향이 달라 똑같은 사물일지라도 미적 체험이 다를 때가 있다. 이질적인 색채 언어를 사용해 미술 영토의 새로운 유래를 쌓아가는 것이다.

1. 절정이란 덫에 걸린 꽃 이파리들

꽃들이 구석구석을 가운데처럼 차지하고 있다. 좁은 프레임에 갇힌 꽃들은 한밤중의 인광 가루에 닦여선지 물러섬이 전혀 없다. 빛을 몰아 시간의 척후에서 나를 압도한다. 아득한 공간을 예비라도 해 놓았듯 꽃무리가 아른거린다. 원경, 중경, 근경도 없다. 꽃의 옥체라고 할 만큼 황공하게 와서 어둠의 시각을 점령하는 것이다. 날아가는 날짐승에도 윤기가 흐르는 듯 비상이 더욱 아름답다. 벌보다 낮게 나는 새들, 꽃들은 정황이 없다. 꿈꾸듯, 물감 자수를 놓아서 민화 같다가도 전면의 구도가 현대적 품격을 높인다. 기개를 뺀 미물들이 흙을 일구고 흙 위에서 형형색색의 꽃과 날짐승들이 흘레를 붙는다. 이렇듯, 김종학의 생은 잠자는 반나절을 빼고는 모두가 그림 마을과 잇닿아 있다. 빨, 주, 노, 초, 꽃으로 복작거리고 또 몇 백 보 걷다가도 꽃의 이승에서 일체화가 된다. 꽃과의 일체화가 우주와의 합일이 아닐까. 꽃을 소유함으로 인해 자연과 나의 대립적 거리감이 해소되는 것이다. 또한 원색의 절정을 빚어낸 사물들로 인해 감각적 쾌감을 맛보는 것이다. 그의 그림에서 대칭형 구도는 거의 볼 수 없다. 평면에 사물을

김종학, 설악산 풍경, 캔버스에 유채, 42×32.5㎝, 2003

가득 채워 넣어 각각 존재의 의미를 얻는다. 행여 강물 저편으로 씨방이라도 터뜨릴까, 벌을 붕붕 띄워 달아나는 절정을 가두어 놓는다. 다시 점에서 피어나는 꽃의 절정, 치열하게 그려대는 그의 정신 세계관이 하절기에 피는 꽃의 생물적 절정을 낙화의 허망에서 구제해 준다. 마치 교지를 받은 듯, 화조의 이미를 읽어 내린다. '나'라는 존재, 민초로서 잃어버렸던 자아를 그림의 만개 절기에서 회복하고야 만다. 행여 그 누구라도 취향이라는 명분으로 돌아설까.

온통 미술관에 꽃그림이 창궐한다. 하필 김종학의 비수에 가슴을 내어 주는 건 왜일까. 물고기, 물총새, 나비, 벌, 자벌레, 산나리, 엉겅퀴, 달개비, 온갖 물상이 절기와 교접한다. 흔적도 남기지 않고 사라지는 꿈의 형상이 아니라 그의 치열함이 마음 램프에 불을 켜주는 때문이다. 그뿐이랴. 그림의 양적 팽창을 보여주면서 물상들은 '예술적 자아'를 최고의 경지로 끌어 올려준다. 그의 꽃이 중량감과 조형미를 날로 깊게 한다. 온통 사람들은 그의 그림 한 점 갖기를 소망한다. 이 색 저 색 채도가 강한 색들은 그림을 사고픈 욕망에 컬러 브리지로 작용한다. 색이 관객의 마음에 다리로 놓이는 것이다.

어제 피운 바람꽃 진다
팔월 염천 사르는 농염한 꽃불
밤 사이 시들시들 검붉게 져도
또 다른 망월에 불을 지핀다
언제쯤 철이 들까? 내내
자잘한 웃음소리 간드러지는
늙은 배롱나무의 선홍빛 음순
날아든 꿀벌을 깊이 품고 뜨겁다
조금 사리 지나고 막달이 차도
좀처럼 下血이 멎지 않는 꽃이다
호시절을 배롱배롱 보낸 멀미로
팔다리 휘도록 늦바람난 꽃이여
–임영조, 「배롱나무 아래서」 에서

그림 시장 망월에 꽃불을 지피는 그의 생명력은 소진될 줄 모른다. 더는 태울 것이 없는 자리에서 평상심을 찾은 탓일까. 염천을 사르던 꽃들의 음순, 제 스스로의 빛으로 밝히고 밝혀도 인적은 오지 않는다. 인적이 드물어서 저들끼리 天山 아래 다 모여들었다. 下血조차 멈출 수 없는 미망. 슬픈 미망. 호시절 저를 까불어 풍문만 가득할 뿐. 팔다리 휘도록 꽃피어 있는 저 괴로움은 아무도 모른다. 차라리 적멸의 덫에 든 탓으로 미루어 볼거나.

2. 점토 바다에 놓인 꽃들

그림에서 색채는 맥박이자 언어이다. 색채가 없는 그림은 맥박이 뛰지 않으니 인간과의 대화가 없다. 일물일언의 법칙에 어긋난다. 이런 법칙은 우리를 익숙하게 해 왔다. 색이 있어 충돌도 있고, 색이 있어 색채끼리 간섭도 받는다. 색으로 인해 율동과 감각을 느끼기도 한다. 작가는 색채 대비, 사물 대비, 명암 대비, 시간 대비와 싸우는 사람인지도 모른다. 그렇다면, 이 대비의 싸움은 작가 자신의 기법에 있어 표현 양식이라 하겠다. 그에게 점토는 그림을 보는 관객에게 지시체reference로 떠오른다. 붉은 점토, 흰 점토, 점토 공예를 볼 때마다 그가 갖고 있는 참이 무엇인지를 떠올린다. 관객에게 점토는 오직 전병현에게만 의미지시로 다가와 꽃의 형상과 새로운 상관관계를 맺어준다. 꽃은 색감의 화려함만이 아니라 색을 뺀 꽃도 있다는 등식, 꽃의 인식을 무너뜨리고 다가온 꽃. 색으로 인해 아름다울 수밖에 없는 꽃의 운명을 새로운 등식에 접목시켰다.

꽃이라는 대상과 무관하게 점토 꽃의 출현은 그림의 인식을 달리했다.

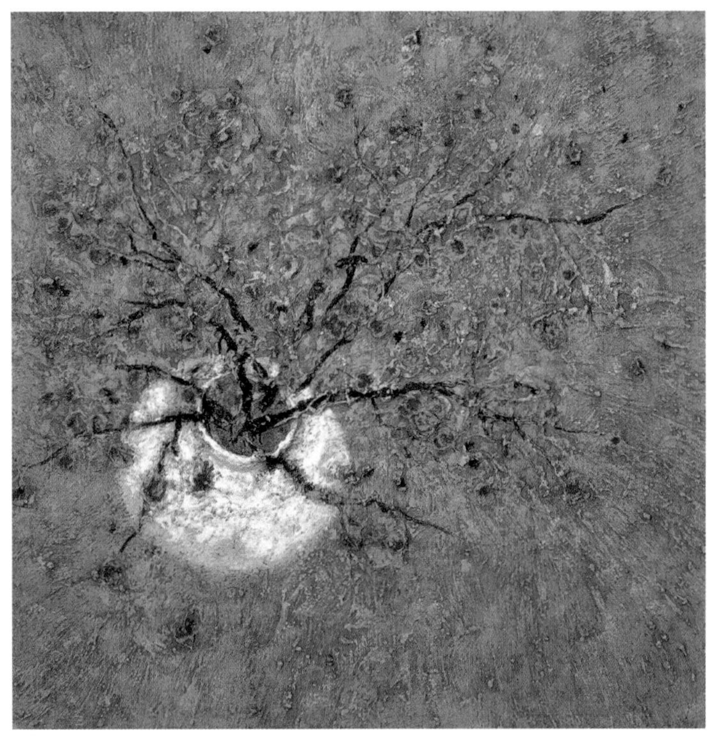

천 위에 한지 부조 콜라주, 대리석 분말, 목탄, 안료, 150×150cm, 2007

'꽃'이라는 언어의 외피를 한 가닥 두 가닥 벗겨 그 안에서 드러난 작가의 미의식. 그의 미의식은 점토꽃이라는 화석과도 같은 물상을 통해 자기를 실현한다. 작가는 이 점토꽃이라는 타자를 통해 비로소 '자아'를 완성한다. 오래전 사라진 지층에서 발굴된 점토 항아리. 그 위에 화석처럼 굳어진 꽃과 가지. 발길에 차이면 금세라도 옹기 소리를 낼 것 같은 기우뚱한 꽃 항아리의 자태. 이를 두고 곧 어떤 언표를 던져야 할지 나의 참이 적당치 않다. 기이한 표현 양식, 구성 방식이기 때문이랄까. 한마디로 관객은 예고 없이 다가온 화석꽃에게 조준당한 꼴이 되었다. 프레임 안의 점토들은 꽃의 형색으로 사방에서 돌출한다. 꽃 형상의 화석지형은 벽을 만나 마악 굳어간다.

인식으로부터 해방시키려는 의도, 온갖 예술 작업의 화려한 첨단, 근간으로부터 잠시 시선을 따돌려보려는 작가의 의도를 의심해 본다. 이제 알겠다. '점토'라는 전병현과의 관계를 버리고 예술이라는 새로운 코드 속으로 관객을 용해하려는 계산이 아닐까. 그림 하면 색채 튜브만 떠올렸던 생각을 '쭈욱' 한 방에 죄다 짜내어 버린다. '화려함'이라는 색상 본질을 바꾸어버린 작가의 생성논리는 관객의 통념을 무너뜨린다. 그래! 예술은 끊임없는 발견이다. 예상치 못한 세계로의 발견, 그 세계를 끊임없이 열어주는 게 예술의 역할이다. 피카소는 등나무 의자를 찢어 물감과 결합해 〈등나무 의자가 있는 정물〉을 회화라고 내놓았다. 그 언제부터 '튐의 미학'은 인류를 감당하고 있다. '의식의 열려 있음'으로 관객도 훈련되어 왔기 때문이다. 그 희한한 회화로 접근하는 작가의 힘에 관객의 중력도 따라 붙는 것이다.

얼마나 맛있는 세월을 발효시켰던 항아리였는지
조각조각들을 한데 모으며 우리는 비로소 이야기한다

한때 먼지가 앉을 새 없이 닦던 둥근 얼굴이며 볼록한 허리엔
온통 먼지를 뒤집어 쓴 채 거실 구석에 옮겨 앉아 있다

흘린 밥풀이 생선가시가 항아리 속에 담긴다
나날이 허연 침묵들이 더께로 쌓인다
–성배순, 「질항아리」 에서

깨진 항아리의 균열을 좇아가 본 적이 있는가. 깨진 항아리에서 흘러나오는 맛있는 세월의 흔적은 흔적뿐이다. 흔적은 다만 살점 덩어리일 뿐, 세포프랙털을 이루고 이 프랙털은 과거라는 형상의 그림으로 거듭난다. 미래에 들면서 꼬부라지고 꼬부라지던 과거들이 항아리로 뭉쳐 자기 존재로 드러나는 삶의 방식. 결국 자기를 발효시켰던 시간은 잘된 입반죽의 항아리 하나를 세상에 올리고, 다시 또 뒤집어 시간의 먼지를 닦으면서 거실 가운데서 구석으로 옮겨간다. 그 긴 시간 띄엄띄엄 보풀이 일어나고, 소나기, 천둥, 번개로 스스로를 단죄하듯 버티어 간다. 그래! 인간의 삶도 항아리 삶이구나.

3. 죽어서 피어나는 꽃

모든 꽃은 아름답다. 아름다워야 할 이유를 다 뺀 꽃은 상상해 본 적이 없다. 아름다워야 할 이유에는 형상으로서의 모습보다 색상의 화려함이 우세하기 때문이다. 꽃을 한 아름 안겨 주었을 때, 그 기쁨은 화려한 색감이 주는 순간의 반응 탓이다. 꽃은 아무 때고 안겨주는 존재가 아니기에 더욱 기쁨이 배가 된다. 꽃을 껴안는 순간 함께 동반되는 서글픔은 왜일까. 꽃이 지는 순간이 이미 각인되어 있는 탓일까. 그러나 그 아름다움은 누구의 소유에서도 풀려나기에 위안이 된다. 꽃만큼은 누구의 소유라는 집착에서 자유롭다. 그렇지만 꽃이 소유의 대상에서 제외된다면, 꽃을 아름답다고 극찬할 이유도 없겠건만. 아름다워야 할 이유를 죄다 비운 꽃도 아름다울 때가 있다고 말하고 싶다. 하상림의 꽃은 개화와 낙화를 초월해 버렸다. 꽃의 통념을 스스로가 지워버렸다. 꽃의 저의를 잔혹하게 죽여 관객에게 다시 태어나는 것이다.

목숨이 다해 건초가 된 꽃, 폐경의 끝을 다하여 화석의 나이로 세상에 올린 꽃, 색을 뺀 꽃이 아름다운 이유는 무엇일까. 낙화의 두려움이 없다. 아름다움으로 상대의 기억을 송두리째 차지하는 색의 색스러움이 없다. 그 색스러움으로 인해 인류의 역사를 바꾸어 놓은 팜파탈들. 요염한 몸매로 재앙의 항아리 뚜껑을 열고 있는 판도라, 아시리아 적장의 목을 따기 위해, 에로틱한 색으로 다가간 여걸 유디트, 얼굴만으로도 여성의 음부를 떠올리는 팜파탈의 전형인 메두사. 이 잔혹한 여성성의 색기를 빼고 꽃선만으로 캔버스 위에 핀 꽃들. 이 꽃은 꽃에서 해방된다. 꽃이라는 인식에서 해방되어 다시 태어난다. 선색을 입었다. 고승의 옷을 입고 색의 중력 속에서 환희심에 차 있는 것이다. 막힘이 없다. 그 어디에도 필 자리, 앉은 자리, 선 자리, 설 자리, 걸치기가 없는 것이다. 계절과 시간 모두 초월하고 다만 꽃의 형상으로만 우리에게 왔을 뿐이다.

드디어 온전한 꽃이 관객에게 있다고 해야 할까. 농염을 뺀 존재로 다가와 본질을 가르친다. 생멸을 초월한 초월자로서 덤덤하게 곁에 있다. '죽은 꽃'이 아닌 '생과 멸'의 가운데에 있는 것이다. 이토록 구도적 암시를 주는 이유는 하상림의 절제 때문이리라. 균질한 몇 개만의 색 처리. 오직 시멘트 벽칠 같은 단색의 꽃과 유채색의 바탕색, 그러면서도 꽃 이파리로 나누어진

하상림, 무제, 캔버스에 혼합재료, 194×259㎝, 2002

단순한 색면이 결코 단순치는 않다. 아주 낮은 톤으로 숨을 쉬는 듯, 꽃의 형상이 구도자의 자태 같다. 모든 화가는 나름의 미적 변수를 연구하고 있다는 게 증명된다.

하상림의 꽃은 잉걸불을 마악 끝낸 재 같은 꽃이다. 맵싸하게 화덕에 남아 있다가 재를 걷으면 그 밑에 또 재로 굳어진 꽃. 곧 열반 저편에 간 고승의 꽃이다. 꽃을 버리고 '꽃'이라는 형상의 기호가 주는 의미의 주체로서 관객에게 남아 있다. 덕분에 관객은 '죽은 꽃' 텍스트를 만나 미래가 있는 미술을 경험할 수 있었다. 마네는 미래가 보이는 미술을 갈망하여 끊임없이 도전하였다. 과거를 되풀이하는 미술 따윈 흥미가 없었기 때문이다.

누군가 내게 꽃을 잘 말린다고 말했지만 그건
유목의 피를 잠재우는 일일 뿐이라고,
오늘 아침 방에 들어서는 순간
후욱 끼치던 마른 꽃 냄새, 그 겹겹의 입술들이,
한 번도 젖은 허벅지를 더듬어 본 적 없는 입술들이,
일제히 나를 향해 외치는 소리를 들었다.
아비처럼 가벼워진 꽃들 속에서

–나희덕, 「풍장의 습관」에서

오래 지속된 키스의 입술들이 빛 속으로 둥둥 떠다닌다. 클림트의 금장을 껴입은 입술들. 햇살에 남김없이 밝히는 오브제들. 입술들의 혈관이 증발하는 대지의 방, 방. 그림자조차 검은 색을 힘껏 짜내는 소리, 반사광의 마른 포대 안에서 사물의 웅신거림이 시작된다.

불붙지 않고 타들어가는 날것들의 아픔을 누가 알리. 참고 기다리지 않아도 불덩이와 숯이 안 될 만큼 말라가는 저 '생것'들의 화기. 화기로 번진 손짓 발짓 수신호를 보았는가. 눈 안에 꽃이라는 인식만 남겨놓고 내음으로 사라지는 꽃들의 장례를 보았는가.

그림은 대비의 싸움이다. 적절한 수준의 대비를 넣고 시간과 끊임없이 싸운다. 그림은 대비로 인해 관객의 긴장과 이완을 사는 것이다. 색과 선으로 인해 겪는 긴장과 이완, 울림과 들림으로 늘어지거나 탄력을 받으면서 관객은 미적 경험을 더해 간다. 이런 경험의 충족감을 더해주지 못하는 그림이야말로 대비의 싸움이 덜하다고 해야 할지. 그림은 새로운 대비를 찾아 작가를 피 흘리게 한다. 그것은 예술이란 이름으로 작가를 구도하게 만드는 것이다. 그들의 구도로 인해 눈으로 보는 적멸, 각종 형상의 적멸들은 또 끊임없이 이어진다. 적멸에 든 것들을 보는 즐거움은 대단하다. 비수에 찔릴수록 적의가 사라지는 이 행복감은 그림뿐이다. 또다시 나를 정탐해 오는 전시 초대장들. 낯익은 벽지 같은 느낌으로 달려드는 그림에서 내가 솟구칠 피는 한 점도 없다. 그림의 유래는 또 계속 이어진다.

역사의 파노라마가 있는 그림

– 박영대의 鄕

역사의 파노라마가 있는 그림

– 박영대의 鄕

그림은 때때로 암벽으로 다가온다. 오르는 스스로가 계단이 되어 암벽을 탄다. 스스로에게 오르는 힘겨움도 모자라 암벽을 또 타야 하는 난제. 마음 하나에 오르막이 있고 내리막이 있어 그림은 공부를 요구한다. 면벽하여 오름 내림의 화두를 풀어야 한다. 벽을 구멍 나게 보아야 한다. 그야말로 벽을 보고 화두話頭가 아닌 화두畵頭를 풀어야 하는 것이다. 풀어내지 않으면 그림이란 암벽은 더욱 높아만 간다. 그만큼 작금의 그림은 충격적 기법에 싸여 있다. 관객의 의식을 우롱할 때가 있는가 하면 관객을 홀리건으로 돌변하게 한다. 그림의 이해가 불가능할 때 저급한 말言語 뭉치를 던지기도 한다. 그림은 말 뭇매를 맞아 상처투성이로 전락한다. 일찍이 야수파가 복잡, 난해하게 출발했다가 더욱 흉해졌다고 한다. 그림은 산처럼 거기 있는데 관자의 느낌이 산보다 높은 말을 만든다. 그래서 흉물로 보는 사람과 천재성으로 보는 사람, 모두가 관객이 된다. 트레이시 에민의 침대를 보고 야유하는 사람과 그림(설치 회화)의 또 다른 장르에 감탄하는 자가 있듯이. 관객의 이해를 계산하고 그려지는 그림은 아무도 없다.

그림 감상은 혼자 해내야 하는 산 타기이므로 감내해야 한다. 좋은 문학서로서의 가치도 보여준다. 감동의 메시지를 전달받기 위해 장서를 읽듯 고통도 따른다. 작가의 세상은 교감과 충전의 실타래가 엉킨 남다른 세상이기 때문이다. 휘 긋고 뿌리고 엉키고 비틀고 환하고 어둡고 대결의 중력에 싸인 그들만의 세계이다. 그 힘을 길러낸 세계의 코드를 읽어 내리기란 쉽지 않다. 그래서 눈품을 파는 것만이 제일 큰 공부가 된다. 그런데 눈품을 팔면, 유명하지 않아도 유망할 것 같은 그림이 눈에 띈다. 지대한 발견이다. 그림이 꼭 아름다워야 할 몫을 깨부수어 버린 현대에서 관객 또한 힘겹다. 관객은 데미안 허스트 같은 당신은 가까이하기엔 너무 멀기 때문이다. 인식의 한계를 넘어가는 작가의 차원에 도저히 서 있지 못한다. 신체의 일부를 파헤쳐 놓은 설치미술, 핀에 꽂힌 생물의 나비, 알코올에 잠긴 상어의 일부. 모든 것이 그림이 될 수 있다는 작가의 세계관은 가히 르네상스적이다. 미래의 개혁에 서 있는 것이다. 그래서 재미있다. 천외한 세계를 향해 품을 팔고 다니는 이 재미란 여행처럼 쏠쏠하다. 과거와 현재, 미래를 오가는 재미는 그림밖에 없다. 마치 기차를 타고 과거의 터널을 나와 현재의 들판을 달리다가 미래의 정상으로 올라가는 기분이다.

기차는 긴 꼬리에 매달린 과거를 털지 못하며 달린다. 대형스크린 안으로 광활한 시점장을 전개하며 날그림을 감상하게 한다. 두루마리그림에 빠지게 한다. 장쾌하기 짝이 없다. 여행자 갈 길의 궤적을 미리 보듯, 긴 역사를 눈에 꿰게 해 준다. 광활하게 달리면서 기적을 울리고 지역과 지역을 눈으로 중간 편집할 수 있다. 이 풍경 저 풍광 연계되어 한 회로를 정리할 수 있다. 날그림의 이미지를 더욱 구체화할 수 있는 표상효과를 준다. 기차 여행은 시킨스(두루마리 그림) 작용이 끊임없이 이어진다. 때때로 여행의 맛은 그림으로 이어진 역사의 회랑을 가는 것이다. 질곡을 쏟아놓은 붓 머리를 따라 여행을 해본다. 박영대라는 한 작가의 시점을 따라 나는 과거로 돌아간다.

鄕(Nostalgia), 한지에 먹, 담채, 130×162㎝, 1977

입춘은 멀리 있었다. 겨우내 나는 고려인으로 해매야 했다. 부엌에 있는 놋그릇조차 죄다 털려버렸다. 강물 위에서 쫓기고 쫓기는 삼별초의 사람처럼 발밑은 오래도록 강화 섬이었다. 섬 위에 섬으로 떠서 고립되었다. 도적인지 알 수 없는 사람들이 진津에 나와 배를 띄우려 했다. 6월의 밤하늘은 빈 소문만 보리 잔등에 태워 물결쳤다. 섬 안 몇 곳에 불이 나고 더는 빼앗길 것이 없는 사람들의 통곡이 이어졌다. 태자 전을 보내는 부두에서 고려인은 슬픔을 하역했다. 아황산가스에 버무려진 도시의 추녀 끝에 나는 긴 고드름을 달아야 했고 몽골군이 흙먼지를 일으킨 개경을 생각해야 했다. 아주 오래도록.

박영대의 보리는 역사의 상징이었다. 고려인의 현장이었고 알갱이마다에 담긴 사실성은 고려인의 얼굴이었다. 그의 보리 도달은 단순 조형의 세계만은 아니었다. 칠백 하고도 수십 년의 과거로 점철된 칩이 머리에 내장되어 있었다.

섬에서 살다 보면 마음까지도 섬으로 되어간다. 만리포에서 한강 하구로 배를 띄워야만 섬에서 나오는 섬사람의 마음을 읽을 수 있다. 태자 전은 섬 속에 섬으로 남아 있는 아버지 고종을 뒤로 하고 강줄기에 몸을 섞었다. 한강 물줄기와 조수가 만나는 곳, 그 완강한 몸부림을 함께하며 한가닥 띠처럼 좁아진 바다로 빠져나왔다.

멀리 또는 가까이 몽골군이 내려다보는 강화 섬, 그 섬의 낯빛이 왠지 진창의 얼굴이었다. 개경으로 들어선 태자 전에게 몽골군 말馬 편자 소리는 피할 수 없는 울림이었다. 14세 유년에서 멈춘 왕궁, 사원, 민가가 몽골군 숙영지로 바뀌었다. 6월의 폐가에 희디흰 나비들이 달맞이꽃처럼 피어서 전의 가슴을 저미게 했다. 전의 나이 마흔 하고도 한 살. 개경 옛 도읍을 버리고 강화 섬 강도에 들은 지가 어언 서른 해가 되었다. 개경을 지나 알 수 없는 떠돌이 말글에 귀를 접었다. 기묘한 말들에 생각을 뒤섞으며 압록강을 건넜다. 항구에서는 옛 고구려인의 기상 같은 목소리가 쩌렁거렸다. 누렇게 보리가 익어가는 뜨거운 한낮이건만 일행의 마음은 깊은 겨울로 가는 여정이었다.

봄날 안개에 어린 저 유채꽃밭들
그 비탈밭의 무덤들까지도 풍경이 되는
나의 우수영
긴 봄날 동풍에 한 배 가득 실려 오던 그 오지그릇들이며

추자 멸젓,
이 기나긴 물목을 지나노라면
곤비했던 내 청춘과 한반도의 눈물
섬들아
게 발가락같이 모여 서서 노는 섬들아
오늘은 맑은 날씨
나와 같이 소풍 나온 섬들아
우리 꽃게 발가락같이 휘늘어져서
이 물돌이 물돌이
울음소리나 들어 보자
송수권, 「우수영 '울돌목을 지나다'」 에서

心鄕(home of the mind), 한지에 먹, 담채, 162×130㎝, 1978

매일을 말 잔등에 흔들리지 않는 시간은 없었다. 몽골의 화림(캐라코럼)으로 가는 전의 노정은 물살이 세차 올랐다. 홍수가 범하려 들어 곤비한 한반도의 일행들을 더욱 눈물지게 했다. 뒤돌아보면 한낮 물목에 든 것뿐인데 매번 큰 굽이에 휘젓기는 이 섬사람들. 멀고도 외가닥뿐인 길을 간다. 은 50근, 은 술잔, 은 병락을 짊어지고 갈 수밖에 없다. 한반도 어디까지가 태자 전의 우수영일까. 유채꽃밭 저 어린 몸부림이 바람에 비틀거리고 있다. 무덤들까지 풍경이 될 땅은 어디 있는가. 속국이 되기를 맹세해 떠나는 전의 발아래 섬은 또 적병이 되어 따라다녔다. 섬을 벗는 날, 그날을 기다려 섬을 겹겹이 입고 간다.

만리장성 장도에 들었다. 강도를 떠난 지 4개월, 말 잔등이에 산기슭의 작은 마을 육반산이 와 닿았다. 압록강 굽이를 몇 개나 함께 흘렀던지 계속 출렁이었다. 속국을 맹세하는 그 마음은 증오조차도 기진할 뿐이었다. 깜빡깜빡 잠을 놓치는 고려인에게 달빛은 서글펐다. 보름사리의 썰물에 한쪽 귀퉁이가 씻기는 어린 강화가 잠시 잠깐 보였다간 사라진다. 떠나올 때 고려인의 목숨이 낫 끝에 잘려가는 겉보리 한 섬에 지나지 않았는지, 여름이 다해도 농장기를 든 사람은 보이지 않았다. 어디를 가나 병사와 말들로 북적거렸다. 어두워지자 태자 전은 곡소리를 들었다. 몽골 헌종이 부엉이 소리를 드문드문 제 목청에 감아 올려 이승을 떠나는 소리. 어느새 길 끝에 핀 하얀 국화를 만나고서야 쿠빌라이의 발치에 당도했다는 것을 알았다.

맥파(Barleywave), 한지에 먹, 담채, 130×170㎝, 1973

길마처럼 걸치고
자꾸 미끄러져 내리는 늙은
호박 넌출 가까스로
추겨 올리고 있다
벽마다 균열이 흘러 뿌리내리고
문이란 문 모두 열어젖힌 채
깊은 한숨 쉬는 이 집의
마지막 주인은 죽음이다 어차피
사람들은 손님처럼 왔다 갈 뿐
죽음만이 주소지를 옮기지 않는다.

–박후기, 「빈집」 에서

길섶에 나선 보리 군신들. 강화 섬 끝 저물지 않는 부두를 향해 이목구비를 쭉 빼내었다. 아무도 전을 대신하여 갈 수 없는 볼모, 호박 넌출 같은 군신들이 거추장스럽기만 하다. 역사마다 균열이 뿌리처럼 내려져 더 이상 역사를 막을 목책도 없다. 죽음만이 기다리는 별채 안채, 어떤 미색도 거두어 갈 사람이 없다. 그래 고려는 이 두 글자로도 옮길 수 없는 죽음의 주소지였다. 아랫도리가 헉헉해져 찾아온 어떤 군장도 여기에서 삶을 이을 수가 없었다. 고려는 빈집이다. 빈집이 되어 간다.

해가 바뀌고 숙사에 눈이 내렸다. 늦은 12월 고려인의 피가 흐르는 귓불 엷은 홍다구로부터 슬픈 소식이 전해졌다.(미색의 홍다구는 고려를 배신한 몽골의 소년이었다) 강화 강도에 계신 아버지 고종을 다시는 뵐 수 없었다. 가난, 죽음, 곤궁이 만리천萬里天을 달렸다. 열린 문들이 내 돌아갈 마음의 표식을 하늘에 흩날렸다. 얼어붙은 압록강을 딛고 황무지 고려에 매일 밤을 눈같이 펄럭이며 돌아왔다, 마음으로만. 볼모로 갔던 전은 없고 원종이 되어 돌아왔다.

그림 보는 재미가 여행하는 재미라 했겠다. 좋은 책, 좋은 여행, 좋은 그림 감상은 인프라를 구축한다. 그 대상들을 즐길 수 있는 교통로가 뚫려 있다는 말일까. 어떤 것이든 빠져 있으면 물리를 깨우친다. 그것을 읽는 눈과 마음이 표적을 향해 가늠쇠를 적확히 당겨야 한다. 표적에 적확하게 닿는 마음이라야 재미가 솟아난다. 발품, 눈품이 가는 곳은 전천후이다. 특히나 그림은 태내에 들어가기를 원한다. 들어가야 풀고자 하는 답을 들고 나온다. 상징으로 복잡하게 요동치는 그림의 태내, 제대로 드나들면 관객은 암벽 같은 작품에도 네트워크를 칠 수 있다. 작가의 작품 척후에서 한 발 다가가고 한 발 물러나고 그러다가 스스로 결박을 풀고 나온다. 때때로 평론가의 말이 더 결박일 때가 있다.

농부의 보리로만 왔다면 지금쯤 수묵 형태에서 끝났을 터. 보리의 진정한 기氣는 담묵 안에서도 역사의 뒤안길로 가게 했다. 묵객墨客이 유능한 때문일까. 몇 세기 전을 네트워크 치며 관객은 박영대의 보리의 행위 양식을 뛰어넘는다. 곧 문학서를 읽는 재미를 갖추었다. 보리는 밭에 있는 형체 몇 섬 수량의 존재가 아니라, 한 민족의 얼굴로 존재한다. 베이면 싹트고, 밟으면 다시 일어나는 민족의 근성으로 만난다. 그래서 그림은 가슴속의 추억까지도 뭉텅 베어냈다가 또 이어준다.

시간은 언제나 뭉텅뭉텅 가슴속의 추억을 베어낸다
그것마저 이제는 아무도 슬픔이라 말하지 않는다.
어린 새가 공포로 잠드는 도시의 나뭇가지 위로
놀은 어제의 옷을 입고 몰려오고
나는 자줏빛으로 물든 이런 저녁을 걸어 본 적 있다
어둠 속에서도 끝없이 고개 드는 사금파리들
그 빛 한 움큼만으로도 언덕의 길들은 빛나고
그런 헐값의 밤 속에서 호주머니 속 수첩에 기록된
사람의 이름을 부르면
결코 길들일 수 없었던 통증의 저녁도 순한 아이처럼 길든다
아픈 시대처럼, 말을 담고도 침묵하는 책장처럼
–이기철, 「저녁 빛에 마음 베인다」 에서

생명의 씨앗(The seed of life), 한지에 먹, 담채, 94×64㎝, 2006

원종은 쿠빌라이(세조) 얼굴과 다시는 대적하지 않아도 되었다. 재위 15년 동안 칸의 한 얼굴에서 오버랩되는 선과 악의 대결에 늘 치이고 말았다. 열 말들이 지게에 담아 사철마다 똥물에 버리고 싶은 대상이었다. 이 헐값의 수난사를 베어내기 위해 사신들이 개경을 떠났다. 9월의 하얀 밤을 달빛이 말길에 내주었다. 통증의 시대도 잠시 길들여져 한 줌의 추억이 될까. 뼈를 추려내듯 아픈 시대를 살며 할 말을 책장처럼 꽂아 두었던 왕궁의 사람들. 고려의 개경에는 사람이 없었다. 병사, 선원, 노역으로 징집되어 노인과 여자뿐이다. 사신들이 떠난 밤을 나뭇잎들이 한 줌 고요를 올려놓고 행궁 담 아래를 보고 있다.

보리 정신은 무엇일까. 속은 비어도 이삭의 형태를 키워내는 힘 때문일까. 야생으로 피어나도 스스로를 길러내는 힘. 관서, 호남, 관북, 영남 어디를 날아가도 바람의 온기만 있으면 살아 키를 키우는 때문일까. 아니면 지심地心을 읽어내는 보리의 태생적 습성 때문일까. 보리는 땅의 마음을 읽어낸다. 지천으로 돋아나는 야생의 풀뿌리를 겨우내 대지의 힘으로 키워낸다. 흙을 움켜쥐고 있는 그 실뿌리에 모근의 발이 되어 누웠다가, 봄날 지천으로 흐르는 햇볕을 딛고 기운 생동한다. 그 생명력 속에 누덕진 역사가 자라 왔고 지금이 있다. 역사를 겉보리가 아닌 쌀보리가 조각조각 기워왔다.

볼모로 갔던 원이 충렬왕으로 즉위하였다. 아침저녁 절에서 타종소리가 들려왔다. 종소리의 끝에 죽음과도 이어진 무엇인가를 예감했다. 사람들은 수군거렸다. 고종과 원종과 충렬에 이어서 고려인은 피붙이의 생산이 메말라 갔다. 모든 남자는 몽골의 정벌야욕에 밥이 되었다. 혈육을 잃지 않는 것은 새나 짐승뿐이었다.

노을 지는 먼 수평선에 뭉게구름
갈매기 몇 마리 거느리고 귀환하는 돛단배 한 척
물레방아 돌아가는 집 한 채
그 단출한 그림 결코 가 닿을 수 없는 곳
선잠 속에서 뒤척일 때마다 수평선 자꾸 기우는 것은

生命-보리(Life-Barley), 한지에 먹, 담채, 70.5×139.5cm, 1996

세간의 간을 맞추지 못해 만경창파에 부대끼며
여전히 허우적거리기 때문인데
언제쯤 수평선 넘나드는 배가 당도할까

병선 구백 척을 급히 만들어 이만오천의 고려 병사가 나뉘어 탔다. 고려군은 합포 앞바다에서 정벌군이라는 이름으로 출항을 기다렸다. 얼마 후 빈 배 두 척만 죽음보다 더한 몰골로 돌아왔다. 갈매기 몇 마리가 흉물스런 그림 위를 끼룩거렸다.

역사는 끝이 보이지 않는 과거의 터널이다. 그림은 이름표처럼 탄생을 달고 관객 앞에 서 있다. 디지털시대의 인간보다 더욱 진실하다. 함부로 자타를 말하다가 익명이란 힘에 자신을 숨기는 비열함이 없다. 작가는 이 그림을 움직여 자신의 진실을 말한다. 그림의 힘을 빌려 과거로 회귀하는 재미야말로 그림 보는 재미가 아닐까. 박영대 화백의 묘파는 보리의 리얼리티에 접근하는 큰 힘을 주었다. 흙을 움켜쥔 냉이의 실뿌리를 촉촉이 적셔 주는 보리밭의 힘이라 할까. 보리 작가는 보리밭의 원천이다. 어떤 보리가 민족의 지존과 비교되던 보리는 1년생으로서 면면히 이어지며, 가난과 친교를 이어왔다. 이제 보리는 보릿고개의 대명사가 아니다. 질병을 물리치는 이삭을 키워내며 인간의 미래까지도 함께한다.

폐허의 거리마다 바람이 지나가고 수많은 까마귀 떼가 개경의 남문을 들었다. 왕궁으로 가는 큰길은 먼지로 뿌옇게 가려져 몽구트군 발길만 보였다. 어제보다 오늘이 더 진흙탕이고 견디기 어려운 나날이었다. 눈품과 발품을 팔아 잠시나마 견디어 온 역사를 내려놓는다. 나는 고려인의 누더기를 오랫동안 벗어놓고 싶다. 나라의 명운을 걸고 몽골에 혼약할 수밖에 없었던 충렬왕을 생각하고 또 생각했다. 이 겨울의 중반이 훨씬 지나갔다. 보리 속에서 일파만파를 겪다가 1294년 쿠빌라이 동방정벌의 막 내림을 보았다. 나는 그림 여행의 한 시점을 간신히 빠져나올 수 있었다. 좋은 그림은 역사의 파노라마를 보게 한다.

푸른 내력벽을 그리다

– 주태석의 자연 · 이미지

푸른 내력벽을 그리다

– 주태석의 자연 · 이미지

숲의 내면은 나무가 키운다. 자작나무, 오리나무, 피나무, 불나무, 버즘나무, 당나무, 저마다 순림을 이루고 있는 나무의 일족들, 사람의 역사와 시공을 건너오면서 나무만큼 무덤덤한 관능도 또 없다. 베어져 나가는 그날까지 서 있기에 서 있는 고통의 통점은 잎에 늘 남는다. 푸르른 흉터는 가지로 뻗어 관절 툭툭 불거진다. 숲은 멀거니 바라보며 나무를 떠나보내기도 한다. 살아 있는 제 몸의 둥치를 기온과 눈바람에 내어주면서 탈진으로 꺾이기도 한다. 그 자리에 비로소 한 그루의 생장점이 시작된다. 푸른 혈연지간이 떠나고 태어나고 샤갈의 연인들처럼 초록색 얼굴로 마주보고 있다. 그렇게 대물림되면서 나무는 사람보다 더 멀리 교접의 씨종을 보낸다. 간간 홍수로 떠내려가는 익사체도 있지만, 아무도 그 격한 데시벨을 숲에서 예감하지 않는다. 숲이 사람을 불러들이는 건 나무를 통과하는 피톤치드 때문일까. 바람과 고요를 펴즐 삼아 높낮이를 만드는 기교. 가지 팔을 뻗어 음계를 고른다. 함께 푸르렀다가 함께 누추해지는 그 막막함이 햇볕을 쬐이면서 이내 곤궁함이 사라진다.

나무들은 푸른 화엄에 산다. 어둠이 오기 전에 새의 목청을 순장하고 유적처럼 새벽을 캐낸다. 땅속 어딘가 헐린 문루가 있어 절기마다 색상을 퍼 올린다. 나무는 숲을 떠나서 더는 무엇을 기억할 수 있을까. 나무에게 산다는 것은 높은 산을 기어오르는 일일까. 숲에서 더 많은 허공을 움켜쥐는 일만이 나무의 희망일까. 숲은 강경 포구를 돌아 젓갈을 묻혀오는 습습한 바람에 염이 되면서 그 물길의 상류를 본다. 숲은 포구를 꺾어 숨차게 돌아가는 바람 앞에서도 애써 태평하다. 맑은 제 몸 소리를 키워, 끊어지듯 뭉쳤다가 사람의 마음 안으로 파고든다. 비릿하게 바람에 길을 내어주는 숲의 형상. 사람들은 곧 잔잔해진다. 숲은 사람을 만나면서 숨 고르기를 한다. 숲은 사람 안에서 드디어 또 보행을 한다. 먼 길을 돌아온 사람에게 숲은 영상처럼 환영으로 남아 각인된다.

때때로 숲은 가보지 않아도 마음 안에서 또 터를 이룬다. 누구나 화가가 될 수 있도록 유순한 가슴을 연다. 하지만 숲의 진정성을 아무나 담을 수 있을까.

東靑이라고 부르는 나무가 따로 있다. 푸르기로 한몫한다. 숲 안에 숨어 있는 세상이 따로 있다. 가뿐하게 손으로 들 수 있는 숲의 길. 그 길에 나온 온갖 벌레들. 아직도 다 내놓지 않은 길들이 나무에 있고 잎에 있고, 또 벌레들의 꽁무니에 있다. 숲은 들짐승, 날짐승, 온갖 벌레가 이루는 시간을 지켜보고 있다. 숲에서 침묵과 소리로 키운 기억을 절기가 죄다 털어낸다. 아재, 삼촌, 할배, 나무로 베어져 나간 아픈 상처들. 밑동을 베이는 순간 동시에 상처도 아물면서 다시 태어난다. 허공에서 깃털처럼 떠도는 소리를 목관에 담았다가 우륵, 왕산악에 꿰어 나갔는가 하면, 알몸에 옻칠을 껴입고 가구라는 이름으로 다시 태어나는 나무들. 키 큰 나무로 질주해 오던 시간이 뭉텅뭉텅 톱날에 잘려나갔다가 아파트에서 다시 태어난다. 나무를 키운 숲의 내력을 알 수 없다. 나무의 생장점이 중국, 러시아 어디건 무의탁 노인의 주검보다 더 윤기 흐른다.

아파트 단지 군데군데 숲을 닮은 소나무의 군락. 봄이 오고, 여름이 와도 도굴꾼 같은 숨 가쁜 시간만 찾아들 뿐 나무의 향기는 없다. 그래서인지 주태석의 숲은 명품이다. 고개를 박고 돈황의 석굴처럼 그 안에서 헤매게 한다. 언제나처럼 강의 상류에서 굽어보는 숲으로 아련하다. 무늬만으로도 눈부신 나무의 생이 홀연히 흐른다.

자연 · 이미지, 캔버스에 아크릴, 55×110㎝, 2000

무한 시간이 흐르는 극채색의 숲. 프레임 속에서 보았건 화보에서 보았건 들춰보면 숨 멎었던 한순간이 또 살아 돋는다. 숲은 오래도록 눈을 뜨고 있는 모습이 완연하다. 맨 안쪽에서부터 영상 필름의 끝없는 재상영처럼 낮은 목소리의 숲이 우러난다. 숲의 채색. 그 숲이 또 다른 수종을 데려와 숲을 이루고 그것을 간증이라도 하듯 중간쯤에서 숲이 멈춘다. 사람이 없기에 나무의 키를 웃도는 정적은 맛이 있다. 박하 향기가 난다. 마치 영상에 담은 듯 숲이 오버랩되고, 영상미를 돋우는 숲은 붓에서 흘러내린 물감이라고 생각할 수 없다. 숲은 방문이자 창문이 되어 활짝 열려 있다. 황토 물 떠내려가는 홍수 장마를 떠올릴 수조차 없다. 일생을 허공의 깊이를 향해 목표점을 두는 나무들. 땅 속 어딘가 나무의 뼈마디가 있어 저토록 푸르게 오르는 이유가 뭘까. 숲은 아득하게 하늘에 앉아 허공을 향해 조금씩 가늘어지는 자신의 팔을 바라볼 수밖에 없다. 왼쪽 맨 앞에 버즘나무 한 그루. 비로소 관객은 작가를 만난다. 목피에 붙어 있는 천수천안관자재보살의 눈. 작가는 이 눈을 통해 숲의 외로움과 자신의 외로움의 동질성을 찾아낸다. 숲의 내면은 작가의 내면이자, 곧 사유의 공간이다. 마음속의 숲과 자연의 숲을 오가면서 숲보다 더욱 숲 같은 질량을 관객에게 쏟아내고 있다. 버즘나무의 존재를 통해 세상을 읽는 것이다.

사람들은 살다 모두 소나무 숲으로 갔으므로
새로 오는 아이들과 먼 조상들까지
거기서 다 만나는 것 같다
그래서 우리나라 밥 짓는 연기들은

자연 · 이미지, 캔버스에 아크릴, 73×91㎝, 1990

거기 모였다가 서운하게 흩어지고
소나무 숲에는 누군가 있다
저물어 불 켜는 마을을 내려다보며
아직 오지 않은 것들을 기다리는 누군가 있다
그렇지 않고서야 날마다
저렇게 먼 데만 바라보겠는가
–이상국, 「소나무 숲에는」 에서

버즘나무는 과녁이 되었다. 승리자로 돌아오는 광폭한 황사바람에게 황사를 걸러내는 망이 되어 버렸다. 금박이 벗겨진 〈블라디미르의 성모〉마냥 슬픈 몰골로 두건을 썼다. 목질을 가진 나무가 아니라, 기적과 예언을 현시하는 상징으로써 맨 앞에 섰다. 그런데 나무는 휘청거린다. 중심이 아닌 가생이에서부터 슬픈 운명이 시작되었다. 홀로 따로 있어 아기 예수를 껴안고 타타르 몽골 같은 광풍을 물리칠 힘이 없다. 곧 꺾이리라는 예감으로 숲을 지킨다. 아기 예수의 미래를 아는 듯 성모의 눈빛처럼 측은하기 짝이 없다. 우거진 관목을 바라보는 버즘나무야말로 작가에게는 그림을 그린다는 고행의 상징이다. 고고하다. 주태석의 숲은 그래서 여느 작가의 하이퍼와는 다르게 자기 목소리가 있다.

주태석의 숲은 상상의 물레에서 풀려나온다. 그의 숲은 자연과 오랜 교감에서 이루어진 허상이다. 그의 뇌리에서 묵은 돌처럼 정 박혀 있는 환영에 불과하다. 삶이 곤궁해질 때 더는 깊게 파일 수 없이 살아나는 상흔, 그 상흔의 족적이다. 그래서 숲은 작가에게 되곪지도 않는 상처로 남아 있고, 버즘나무는 사유가 있는 물체로 다가오는 것이다. 어떤 가학에도 덧나지 않는 여문 상처의 끝, 그 상처를 어느 일정거리에 숨겨 놓고 또 확인한다. 그 확인하는 작업이 그에게서는 그리는 일이다.

만곡 길 순천만 안쪽에 서서 나는 바라본다
회한에 뼈가 녹으면 누구도 제 몸 저리 찢을 수 있다는 것,
그리고 하구 수만 평에 들어선 갈대들
그동안 빌려 입었던 낡은 몸 벗어 고스란히 반납하는지

몇 벌 내장기관 새로 지급받아 조립하는지
해종일 쉰 목소리로 웃다가 그치다가 떠들다가……
번쩍이는 자재들 가득 쌓아 둔
수만 평 재건축 공사판으로 저무는 걸
그 무슨 회한 또 오기 전
그 무슨 회한 또 오기 전
–홍신선, 「순천만」 에서

그 사실 같은 그러면서도 자신만이 이상형으로 꾸미는 숲. 숲을 그린다는 것은 작가에게 더함 없는 구도행이다. 깊은 숨으로 맹렬한 적막과 싸우기를 되풀이한다. 숲을 이루는 나무마다 적요의 몫을 지니고 잉태한다. 버즘나무는 제 몸이 조상이 되는 날까지 무질서를 지키며 질서가 되는 그 자리에 등대지기로 산다. 나무는 홀로 있으면 나무이면서 숲으로 모아지는 목청은 또 얼마나 싱그러운가. 바람 부는 날 쉰 목소리로 웃다가 그치다가 한낮 자재감으로 팔려가는 그날까지 제 몸을 정화하면서 살아간다. 곧 톱질에 잘릴 것이라는 예감을 하면서도 늘 몸속에 힘을 남겨두고 살아간다. 키를 키우는 힘. 그것이 수령의 모양새로 나타난다. 그 무슨 회한이 오기 전, 나이테를 긋기에 바쁘다.

나무에게서 침묵은 그들의 언어이다. 그 침묵은 때때로 침목으로 잘려나가는 아픔을 겪는다. 보다 올곧게 누워 있을 미래를 위해 그토록 오랜 세월 숲에서 살아남았을까. 어디로부터 온 흔적도 없이 무념무상의 자리에 누웠다. 와불이 되었다. 여래장의 자리이다. 그래서 늘 여여한 자리에 들어 '서서 자는 나무'라고 노래했을까. 주태석의 숲은 그런 여래장의 자리를 침목으로 표현했다. 천의 만의 나무가 침묵의 벽을 뛰어넘어 선정의 자리에 들었을까. 괴괴하리만큼 고요하다. 때림이나 꾸지람 앞에서도 아랫눈을 뜨고 인욕하는 수풀들. 수풀은 원근을 모두 걸러내고 유령처럼 앞에 있었다. 다가가면 갈수록 멀어지는 숲과 아득해서 그만 사라질 것 같은 숲. 이 숲들이 나무라는 개별성으로 돌아와 운명의 극에 달했다.

변사체 같은 나무의 토막들. 거대한 쇠붙이 힘에 눌려 과거로 죽어 있는 나무의 형상들. 홀로 몇 밤과 몇 날을 지켜 준 한 그루의 버즘나무는 오직 인간만을 위한 안전의 지지대로 돌아왔다. 나무의 모색은 숲이 아닌 가공의 길로 접어든다. 고독한 사색의 끝은 〈기차길〉에서 선업을 닦는 결정체로 변화한다. 블라디미르의 슬픈 성모라는 은유에서 벗어나 침목이란 현실로 돌아온 것이다. 숲은 나무로 나무는 침목으로 부활이 아닌 분할로 다시 태어난 것이다. 침묵하던 전생에서 침목으로 누운 내생을 맞은 탓일까. 인간에게 보다 가까이 가려던 의지가 침목으로 눕게 되었다고 할까. 나무의 업, 카르마가 너무 빨리 온 것이다. 겟세마네 동산을 넘어가는 십자가의 나무도 허공을 향해 육신을 드리웠건만, 주태석의 나무는 다시 땅에 붙박아 있는 형벌을 받는다. 지축을 흔들며 지나가는 쇳소리에 징 박아 놓은 것이다. 돌들끼리 사람처럼 이웃하여 이 무정물의 전생을 수런대고 있다. 너무나 사실 같다. 작가의 집요한 추구는 눈으로 소통되는 것보다 더 강하게 내면에 다가온다. 단지 미의식으로 오는 게 아니라 그의 처절한 자기 목소리 울림으로 다가온다. 그래서 이런 순간의 영속성을 위해 그의 다음 그림에 기대를 또 해보는 것일까.

그의 〈자연 · 이미지〉는 하이퍼 리얼리즘에 천착되어 있지만, 그만이 지니고 있는 관념에 충실한다. 어찌 보면 자연보다 더 자연스러운 사물 재현에 운명을 타고났다고 해야 할지. 그는 선정의 자리에 들어선 자연을 우리 곁에 날라준다. 그래서 청량감이 있다. 복잡과 단순성을 피해 색상을 조절한다. 푸르름의 톤이 다양하다. 이 조절의 농익은 수법은 마치 향기까지도 피어오르게 한다. 그래서 숲은 숲이 아니라 숲의 유령 같은 존재를 이용해 침묵으로 일탈시켰던 것인가.

기차가 지나가는 레일 위의 오후는 너무 심심하다. 해종일 신문지 쪼가리 속을 돌들이 머릴 박지만, 신문지 속의 세상이야기는 그들의 이야기가 아니다. 이미 한세상을 오래전에 다녀간 사람들의 소통이었을 뿐. 고대의 상형문자처럼 시간의 무덤에 갇혀 있다. 가끔 북풍처럼 완행열차가 다녀가고 그럴 때마다 지축은 꺼져내려 침묵은 나무의 근원조차도 떠올릴 수 없다.

기차길, 캔버스에 오일, 80×160㎝,1979

서어나무, 당단풍나무, 노각나무 사이로 기울어진 채
한 잎 두 잎 진창으로
꿈을 박고 있는 굴참나무
제 뼈를 깎고 피를 말려 숲을 짓기 시작한다.
생살이 찢겨 있는 굴참나무,
그에게서는 고통의 향기가 난다.
살가죽의 요철이
전 재산을 장학금으로 기탁한
밥장수 할머니의 손등만 같다.
끝내 허리를 펴지 못하는
굴참나무가 세로로 서 있어야 한다는 것은 편견이다.
굴참나무가 쓰러진 것은 태풍 나리 때문이 아니다.
나무는 저 스스로
살신성인하는 중이다. 하늘 가까이 뿌리를 심기 위해.

–이선애, 「가벼운 산」 에서

나무가 서 있어야 하는 까닭을 알겠다. 생살이 찢기는 아픔을 견디며 요철의 살가죽을 만들고 그러다가 밥장수 할머니처럼 굽은 자기 몸마저 세상에 바치는 나무. 땅 깊이 뿌리가 길게 박힐수록 하늘로 높이 올라가는 나무의 생리는 인간의 표본이 아닌지 모르겠다. 선로에 밤이 깊어질수록 목침이 되어 우리의 잠을 흐르는 침묵의 추억. 멀리 산을 나르고 숲을 나르는 침묵의 슬픈 추억을 기차가 쿵쿵 다지고 간다. 그럴 때 우리 사는 일도 다시는 나무로 돌아갈 수 없는 침묵은 아닐는지.

팔과 다리가 황새만큼 가늘었다. 옆눈을 흘깃흘깃 자주 굴려 옆에서 보아도 왕눈이었다. 왕눈에 눈물이 자주 고여 멸치처럼 파닥이는 속내를 눈물로 씻어내곤 했다. 복숭아꽃, 사과꽃, 살구꽃, 지천에 흐드러져도 삽적에 아무도 들어설 사람 없는 집에 살았다. 할매의 아들은 오래도록 오지 않았다. 아버지로 등재된 외삼촌도 오지 않았다. 지나가는 새우젓 장사, 갓 잡아 온 멸치 리어카, 유백이 아저씨의 물지게가 시간처럼 찾아들었다. 문단속에 대해선 아무도 말하지 않았다. 마루 밑의 '라꾸'가 문단속이다. 라꾸는 럭키와 도꾸의 할머니식 합성어이다. 개털 날리는 마루 밑은 술지께미가 끓고 있다. 라꾸는 겨울 내내 굴러다니는 털실의 덫에 걸려 길길 날뛰고 있다. 산토닌을 캐러멜처럼 씹고 있는데 오빠는 신기행을 권했다. 신기는 마음으로는 가까워도 교통편은 멀다. 시간 반이면 족할 곳이 왕복 네 번의 차편이 든다. 도경역은 고개도 많이 돌거니와 생각하고 싶지 않은 능선이 많다. 그 능선을 오를 때면 아가미 쪽으로 내장을 빼듯, 속을 다 후린다. 상추 잎에 쌓여 가는 찬밥처럼 갓 들어간 중학생 오빠 뒤를 따라 도경행 버스를 탔다. 고개를 돌 때마다 내심 당부했다. 입 안에 손가락을 넣으면 길처럼 타고 나오는 회충이 오늘만은 나오지 말라고 당부했다. 토악질보다 지렁이 같은 회충이 먼저 기어 나왔던 날을 몇 사람은 보았다. 유년을 떠올릴 때마다 쌍절곤을 휘두르며 나오는 구질구질한 비밀들. 버스가 도착하자 무당집 깃발마냥 철 지난 노란 민들레가 길섶에서 제 몸을 나부꼈다. 버스는 한참 뒤에야 떠난다.

신기로 가는 완행열차는 온통 비린내투성이다. 물풀 잎 끝에 달린 이슬방울처럼 잠시 한적한 시간에 매달려 지나가는 것들이다. 왁자지껄한 장사꾼들이 완행열차를 타는 동안 산골의 어둠은 늦게 온다. 오빠는 결전의 날처럼 징검을 바쁘게 걸었다. 이서방 아저씨는 여전히 철기 시대를 살았다. 손수 쟁기를 만들고 올무를 개발하곤 했다. 도계 장날, 내다 팔려는 올무는 들짐승의 덫이었다. 들짐승보다 먼저 와서 햇살이 털거덕 발목을 잡혔다. 6월 뙤약볕은 농사꾼의 상념을 그냥 놓아두지 않는다. 신기 산골의 너와집은 사람이 있어도 빈집처럼 어깨가 내려앉는다. 머지않아 아저씨를 묶고 있던 울이 끊길 것만 같았다.

유디트가 홀로페르네스의 목을 단칼에 치듯 사철나무 뿌리 아래로 쟁기가 들어갔다. 아저씨의 손맛은 단칼의 조짐을 안다. 오빠는 내 키만큼의 관목을 껴안고 전설 하나 키울 듯 도경역을 기차보다 빠르게 왔다. 서먹한 도경역에 쉽게 발 내리지 못했다. 해 지는 도경역의 막 버스는 완행열차와 함께 일찍 끊긴다. 마지막 버스를 놓치면 족히 이십 리는 걸어야 한다. 사람들은 미리 출입문에 와서 삐걱거리는 쇳소리에 섞여 내릴 준비를 한다. 기차가 멈출 때는 딸꾹질을 하듯 객실의 내장과 내장이 엇나간다. 속도를 늦추는 기차의 발보다 사람의 등짝들이 마음을 떠밀고 있다. 어른들이 기차보다 앞 다퉈 나가는 이유를 멈추려는 기차의 느린 뜸 들이기에서 알겠다. 어린 관목을 껴안은 오빠가 뛰어내릴 차례이다. 오빠는 거의 멈추어가려는 열차를 떠다밀듯 밀치고 뛰어내렸다. 열차의 속도를 우습게 보았을까. 거대한 쇠붙이 공룡의 발톱은 바람을 일으키면서 오빠의 질주를 안으로 말아버렸다. 어린 사철나무는 쇠바퀴에 잘려나가고, 오빠는 새의 주검처럼 가볍게 튕겨져 나갔다.

그때 산골역의 적요와 함께 유배지 같은 슬픈 얼굴을 보았다. 누군가의 손에서 일순간도 지체하지 않고 버려진 스피아민트 껌 종이. 단물의 시간을 잘근잘근 씹으며 이 레일 위를 지나갔을 덜 익은 청춘남녀들, 아마 그들의 사랑도 이 껌 종이처럼 버려진 한때였을까. 아니면 껌 종이는 껌 싸개에서 풀려난 순간 투신한 것은 아닐는지. 기억조차 잃어버린 노쇠한 침목이 오누이를 물끄러미 바라보고 있었다. 우리는 출렁이며 눈물과 함께 어딘가 흘러들고 있었다.

기차 찰박찰박 흔들거리고
밤마다 같은 어둠 출렁거려 어딘가 흘러들고 싶은 밤
가방 속에서 오랫동안 추웠던
낡은 옷의 단추가 알알이 채워지고
납작해진 오징어가 둥실 되살아나 춤추는 밤
이제는 깊은 밤 자장
자장 잘 자라고
기차가 달리는 길마다 목침을 놓아두는
밤 깊어질수록 아이의 잠 속으로 기차 흐르는 밤
–조연미, 「기차 흐르는 밤」 에서

숲은 고요로 무장하고 있다. 언제 무장을 풀지 모른다. 바람의 군단이 진격해오면 내면을 키우던 나무들은 일제히 방패가 되어 우우우 짖어댄다. 우주에 닿을 만큼 찢어져 오르던 살들이 저만큼 쓸려가고 그제서야 한 그루의 나무로 땅 속 깊이 박혀 있다는 자신을 발견한다. 작가는 또 질료를 들고 숲의 언어를 쫓아가 조형으로 나타낸다.

기찻길, 캔버스에 오일, 112×194㎝, 1980

일상에 지쳐 모레무지처럼 엎드려 있을 때 주태석의 숲은 푸르른 내력벽으로 다가와 관객을 그 안에 서게 한다. 관념의 피톤치드를 발산하면서 영혼까지 그 벽 안에 끌어들인다. 그의 그림은 오래도록 화보의 목차에 누웠다가도 관객과의 수십 년 지기를 다져간다. 그림은 프레임 안에만 있는 것이 아니다. 책처럼 갈피 속에서도 묵묵히 읽히는 것이다.

감성 방향제같은 그림 사진들

– 배병우

감성 방향제 같은 그림 사진들

– 배병우, 소나무

귀머거리로 가는 통로는 너무 길다. 오르막도 없다. 폐쇄를 향해 간다는 슬픔은 어떤 위로에도 닿을 수 없다. 어두워지는 시간 간간이 해감의 간물을 뱉는다. 귀지에 붙은 가늘고 굵은 밀물과 썰물의 소리 떼, 소리 떼의 몸 굵기가 가늘어지면서 이미 귀는 테라피에 올려 있었다. 이제 귀는 나의 것이 아니다. 아로마 향에 절였다가 건졌다가 어쩌다 얻어지는 소리동냥으로 세상을 듣는다. 미움은 독이 되어 나를 태우고, 홀로 화염에 싸였던 순간들의 끝은 소리를 데려간 것이다. 소리가 없는 세상은 온통 죽어 있는 그림이었을까. 홀로 신성한 시간을 제물처럼 의식에 올려놓고 세잔이 그러했듯 '공기의 흐름'을 느껴 본다. 허공의 가장 농밀한 가벼움조차도 색상으로 끌어안는 천재 화가의 그림 마음으로 어둠 그 안에 섰다. 친밀하게 끌어안는 능력이란 무엇일까. 귀를 잃은 눈으로 자연과 내가 감각 일체가 된다는 것일까. 한 발 한 발씩 어둠의 통문으로 가까이 갔다. 거기에 사물은 온통 더 검고 더 무거운 색과의 대화투성이였다. 보다 더 짙은, 무채색의 무게가 시간의 튜브에서 짜이고 있었다. 여기저기 무거움의 삼투가 흘러나오고 있었다. 개개의 것들이 힘을 보태어 밤을 버티어주는 감각 덩어리가 되어 있지 않은가. 밤을 느끼게 하는 감성은 빈약하지 않았다. 감각과 감성은 자기 생각의 무게에서 얻어지는 것.

새벽의 후면경에 비친 지난밤이야말로 어둠의 깊은 폐부였을까. 사물이 될 수 있는 조건은 귀 없는 세상에서도 존재한다는 것을. 그리고 나의 존재감은 그 안에 함께한다는 것을 끌고 나왔을 때, 발밑의 통로는 한탄의 대상이 아니었다. 소리는 없지만 감각의 리듬을 느낄 수 있는 기묘한 세상이 있다는 것을. 서로가 지닌 색상의 톤이 저들을 구축하고 그래서 그 안에도 움직임이 있다는 것을. 삶이 있다는 것을. 지금껏 컴컴한 나무들의 율동으로만 느꼈던 한 작가의 사진을 뇌리에서 건져내기에 이르렀다.

배병우의 바다는 말라붙은 소금 산의 원형이다. 너무나 물이 그득하다. 살이 흐벅지다. 전설처럼 섬의 등으로 바다를 짊어지고 있다. 그의 등짝이 섬이다. 그래서 사람들은 그 바다를 면벽한다. 오래도록 보고 있으면 섬이 된 사람은 간데없고 섬의 눈만 있다. 눈 안으로 들어오는 바다는 출렁이는 소리가 난다. 강의 마지막 몸, 강의 끝과 바다의 시작이 만나는 하구의 바다, 썰물과 몸을 섞이면서 염기를 풀어내는 센물의 조짐을 본다. 바다도 아니고 강물도 아닌 그곳에 배병우는 마음을 흘려보내고 또 렌즈에 담아낸다. 한 물소리 들은 깨우침이겠다. 그래서 비어 있는 곳을 찾아 렌즈에 채우고, 잃은 것 없이 찾는 곳마다 홀로 남겨져 보는 그 맛을 즐긴다.

많은 입구에 모인 초입을 좋아하는 때문일까. 그의 바다와 항구는 늘 동틀 무렵이나 저녁에 렌즈의 사랑을 받는다. 어스름 곁에서 넘실대는 것에 성스러움을 느꼈을까. 갈수를 모르는 물의 풍요를 케냐 키베라 빈민촌으로 보내고 싶은 열망 때문이었을까. 아니면 구순 아버지의 마른 등을 잡았을 때 바삭하던 먼지의 느낌을 지우려고 애쓰는 탓일까. 하지만 돛폭을 띄우지 않는 바다는 두렵다. 근육질의 검은 바다만 바다의 무덤처럼 프레임에 갇혔다. 모든 것을 삼킨 자국이 있다. 섬을 그 안에 재우고 눈만 띄운 바다여선지, 배 한 척 없는 바다는 마음이 바라는 그 바다가 아니다. 초입을 좋아하는 배병우의 항구 바다는 오늘 없다.

태풍 오면
철없는 어린 갈보처럼
마음은 펄럭이리
살 속으로 바람 가득 들고
먼 데 하늘 돛폭같이 부풀 때
늙은 노새의 나
끝내 花津 가리
굼실거리며 덮쳐오는
수만 코끼리 떼 기다리리 밀향고래 떼 기다리리
쏟아지는 몸엔 버캐 거친 숨소리
花津, 온몸 열어 새 사내 맞는
花津, 그 유정한 이름 복판에 서서
늙은 나 불덩어리처럼 달아오르겠네 한 번

초라한 갈기 곤두세우고 부르르 떨겠네

기어이 나도 저 바다 하리

-김사인, 「花津」 에서

사람들은 저마다의 가슴이 한 바다 하길 바란다. 보리쌀 서 말에 팔려온 철없는 어린 갈보에게도 서글픈 등 뒤의 길을 넉넉히 잊으라 한다. 전설 바다 화진, 그곳에 가면 피 말리고 살 말린 타관의 상처 아물 수 있으리라고, 마음속에 키운 화진, 맑은 물줄기의 길이 열려 기어이 누구든 받아 줄 수 있는 그 화진. 저마다 마음속 고향처럼 자라고 있는 것일까. 초라한 갈기 세우고 돌아가도 그 유정한 이름으로 모두들 가운데 서 있는 화잔 앞바다. 너무 오랜 시간 비를 맞고 화진은 기다리고 있다. 코끼리 떼, 밀향고래 떼 감당키 어려운 인생사에도 마음이 마지막 쉬어가는 그곳, 화진은 올 한 해도 내내 바다로 말하고 있었다. 화진은 거기 있는데 배병우의 그 바다는 없다.

Sea, 125×250cm, C-print

공가르 공항을 지나 라사로 갔다. 등 뒤엔 바다를 건포로 만들었던 천장 공로가 기억조차 폐쇄해 버렸다. 산봉우리가 절기의 억센 숫돌에 갈린 자국이 역력하다. 나무가 말라버린 고구마 순처럼 억만 년 산골의 정적에 갇혀 있었다. 공로 쪽에서 천수를 누리는 바람이 공명을 일으켰다. 저 공명을 현장법사는 요괴 소리로 들으며 천축 땅을 간 것일까. 물이 기근이 든 곳에서 어떤 생각을 접목할 수 있을는지. 여행자의 시선은 저마다 성에 낀 창문에 갇혀 있었다. 아무도 그 문을 열려 하지 않았다. 창문마다 매달려 떨어지지 않는 요괴 소리 같은 공명. 사람들은 버스 안에서도 뱃멀미처럼 출렁거렸다. 발바닥은 평형을 잃어버렸다. 너무나 광활한 곳의 두려움이었을까. 아니면 되돌아갈 길의 까마득함 때문일까. 술이 되고 차가 되었던 과거의 시간은 이 세상에 없었다. 만년설에 갇힌 티베트의 산이 말을 걸어오기도 전에 길과 사람은 함께 휘어갔다. 춘설을 따라 몸을 열어 본 적 없는 동토의 산들. 아무도 걸어갈 수 없는 시간 속을 티베트의 산은 얼음 대못이 되어 박혀 있다. 바람이 차게 불수록 못자리는 단단해진다. 바람의 음계에 동토의 한생이 오름 내림을 탈 뿐. 지나가는 자의 몫은 아무도 없다. 휘어져 갈 때 찰나의 소음을 남기고 허공은 금세 아물어 간다.

라사로 가는 길에서, 사람들은 몇 번이고 용변을 보았다. 버스 앞머리와 뒷면이 남자와 여자를 구별하는 화장실이다. 온 천지가 화장실이다. 화장실 문이 된 차의 앞머리는 이내 흔적을 지우고 달렸다. 바닥이 안 보이는 협곡에서 바다는 환영이 되어 출렁거리고, 늙은 티베탄의 주름살처럼 바위산은 천 년 분진을 떨구고 있었다. 분진은 열에서 떨어져 나간 것. 우리는 열을 뿜는 가속도, 속도의 뭉치가 되어 분진을 뿜어낸다. 열에 의한 모든 것은 재를 남긴다. 우리의 시간이 불 하나로 환영의 바다에서 출렁일 때, 젖은 몸으로 가까이 오는 조캉 사원. 사원은 쇳몸을 벗어나온 종소리처럼 물에 퍼져 나오고 있었다. 배병우의 바다는 화진에 있는 것이 아니라 큰 산을 담아낸 그릇으로 거기 있었다.

창의 성에를 긁다가 관성처럼 저녁 조캉 사원 앞에 튕겨져 나갔다.

> 저녁에
> 물결의 혀를 빌려 조금씩 고운 모래톱을 바깥으로 밀어내놓은 작은 섬을 바라본다.
> 외부에서 보는 섬은
> 새 뜰로 가는 길에 있던 돌비석이 들려주는 옛날이야기 같기도 하고
> 뒷마당에서 시득시득 말라가다 천천히 무너져내리는 나뭇동 같기도 한데
> 저녁에
> 조금씩 바깥으로 흘려보내는 것들을 보는 일은 참으로 슬픈 일이다
> –문태준, 「저녁에 섬을 보다」에서

조캉은 한 오만 년 죽어간 성체였을까. 늙은 바다의 영령을 모시는 섬. 섬은 시간 물결의 힘을 빌려 제 영혼의 속을 조금씩 저녁으로 밀어낸다. 손때 묻은 마니차를 돌리는 조캉은 아주 컴컴한 몰골이었다. 옛 바다를 지키는 문지기로는 너무 늙어 있다.

갑자기 조개껍데기를 먼 조상처럼 들고 조캉의 쪽문을 드나드는 소년들이 나타났다. 도둑게 같았다. 저녁이 짙어지자 도둑게의 몸집이 패각인 양 스스로 목을 가두었다. 여기저기 조가비를 손에 들고 알 수 없는 이국어로 떠들었다. 손바닥에 쥐어든 지폐와 함께 소년들은 그렇게 섬에서 돋아나

는 것이다. 그들이 섬에 기생하고 무시래기처럼 마르다가 화석이 되어가는 것일까. 그들을 보는 일이 참으로 슬픈 저녁을 맞는 일이었다. 부엉이의 눈으로 게가 사라진 쪽을 쏘아 보았다. 나를 돌려보내는 일이 지폐 한 장에 있었음이 서글펐다.

Pine Tree, 135×260cm, C-print, 1992

시계 방향 쪽으로 조캉의 바코르를 도는데 티베트의 돌산이 거뭇하게 들어왔다. 나무가 없다. 어떤 수종도 자랄 수 없다. 한 번도 나무를 껴안아보지 못한 산의 슬픔을 누가 알까. 수피에서 나는 나무의 향에 취해보지 못한 티베트의 산. 녹색을 갈급하는 흙 부스러기 돌산에게도 체온은 있을까. 피리 소리, 대 소리, 눈 오는 소리, 사각사각 제 몸이 부서져오는 자연의 소리를 맥박인 양 듣는 한국 산의 넉넉함. 한국인은 그 산을 안다. 체온을 올려

폭설, 대설, 폭우를 견디어내는 우리네 산, 그 산들의 평화가 썰물처럼 밀려왔다. 우리는 자기 선 자리 위에 한 그루 나무가 되어 동토의 숲이 되어 주었다. 잎이 된 살덩이가 황홀한 굴피가 되었다. 어둠은 물컹한 목질의 키를 단단하게 에워싸면서 한 수백 년 키울 생각으로 굴곡을 이어줬다.

배병우는 소나무의 영혼을 본다. 새벽 정선 굴암리쯤에서 그는 목신과 수화를 한다. 수피를 뚫고 오르는 나무의 언어는 무엇일까. ㄱ, ㄴ, ㄷ, ㄹ, 아니면 ㅏ, ㅑ, ㅓ, ㅕ. 그는 소나무 군중을 이끌어가는 유일한 이교도의 교주였을까. 잘생긴 소나무, 기품이 하늘 천리를 뿜는 소나무를 군중처럼 몰고 다니며 등껍질의 거대함을 렌즈에 포착한다. 소나무 아재, 아저씨, 이모, 고모, 금강송, 해송, 육송, 적송, 머릿속에 챙기고는 바늘잎 사이사이를 고뇌한다. 눈을 감고 향기만으로도 소나무의 귀족됨과 뻗어나간 가지를 느낀다. 가지를 뻗어 제 일족을 챙기는 우리는 육송일까, 적송일까. 아니면 바닷바람에 그을려 제 몸 하나 건수 못 하는 해송이었거니, 그래! 모래펄의 경계에서 이도저도 아니게 틀어져 있는 건 아닌지. 생각하면서 불끈불끈 부름켜를 올리며 티베트를 지키는 포탈라를 뒤로한 채 길을 떠났다.

집 밖에 만 리를 두고
천 리 안쪽에서 그 집을 그리워한다
이 망원은 아침의 불볕에 이끌려가는
거대한 초록 짐승 떼의 이동을 바라보면서
눈 시린 햇살 아래 거울을 펼쳤으나

살은 자꾸만 예전의 숙박으로 돌아서기만 해서
불현듯 강철 아지랑이로 묶어놓는
집 떠난 사람의 적막 들판 까마득하게 번져 나간다
그러니 꽃은 이울었지만 뿌리가 꿈쩍도 않는
줄기에는 잎이 내려설 자리가 없다는 것
–김명인, 「집과 길」 에서

집 밖의 만 리를 알고 나선 뻐꾸기 소리에도 내 고요가 뚝뚝 부러져 나간다. 마음은 만 리에 고삐가 풀렸다. 맨 발로 이미 마당에서 만 리를 간다. 만 리에 돋아난 무수한 푸른 잎맥, 가지 못하는 그 시간의 밑동은 잘려 나가고, 하는 수 없이 예전의 숙박으로 만혼의 날들을 마음 다잡지만, 오래전 아무도 풀밭에 누운 또 다른 만 리를 몰아내지는 못한다. 그 길의 화란춘성, 노래하다가 한생은 저 달빛에 진단다.

캄바 고산 위에서 내려왔다. 붕붕 뜨고 다니는 우리에게 간체, 나가체가 기다리고 있었다. 어디를 가나 코 묻은 아이들이 모여든다. 몸과 마음과 하루가 청소가 안 되는 모자지간들이 버스에 매달려 있다. 조붓한 골목을 돌아가고 싶었다. 버스 지붕 위에 높다란 하늘만 걸어 놓고 길 같은 길을 하염없이 누비고 다녔다. 4,000m 길 높이에서 내려다본 마을의 골목은 오래전에 거세되었다. 민둥산을 오르는 칼바람에 길은 오래전에 잘려 나갔다. 고산에서 숨을 쉰다는 것은 별에 닿는 안간힘일까. 명왕성 그 너머까지 닿을 수 있으리라는 길에 대한 믿음은 이미 우리를 무수히 꽃잎으로 날렸다. 산 높이와 여러 차례 화해하는 사람은 티베탄 기사뿐이다. 우리의 심장은

버석버석 솔의 수피같이 갈라지고 있었다. 바다 일, 염전 일을 마치고 오는 촌부와 같이 해송의 속껍질로 트고 있었다. 어둑해지는 불모의 땅에서 허공에 내딛는 느낌으로 방목되었다. 야크 떼는 이미 보이지 않았다.

배병우는 적송을 안을 때의 느낌을 환하다고 했다. 긴 시간 바람에게 내준 나는 환할까 어두울까. 아니면 내 스스로가 누구의 무덤이 되어 사는 건 아닐지. 좁은 통로를 들어오면 너절하게 달려 있는 장신구. 하나 둘 죄다 도굴해가고 부실한 뼈와 사람의 형체만 남아 있는 무덤. 이 무덤을 만 리 밖에서 꽉 쥐고 있는 것은 '가족'이라는 쇠심줄일까. 그렇다. 적송의 송진으로 이곳에서 삭아 보자. 한 천 년 복령茯苓이 된 후에 다시 흙 밖을 나와 보자. 덧두리로 또 천 년 시간을 얹어주고 호박琥珀이 된 다음에야 다시 나와 보자. 적송보다 인물 잘난 금강송으로 나를 심는다면……. 수피의 비늘에서 뚝뚝 떨어진 송진으로 다시 나를 묻어 본다. 누구의 무덤이 아닌 오늘 내가 나의 무덤이다. 소주병에 고여 가는 일행이 함께 묻혀 본다. 지하철 승차권, 세금 고지서, TV, 승용차, 자력에서 뚝뚝 떨어진 사람들, 저마다 소나무가 되어 간다. 야크 똥 난로 아래로 철벽같이 묻힌다.

올드 팅그리. 네팔로 넘어가는 국경의 밤이 왔다. 달려온 234km 시가체의 시간은 없다. 우리를 지운 그 시간은 허방에 흩어지고 추억만 담수어처럼 시간의 물 밑에 붙어 있다. 우우우 히말라야의 산이 버펄로처럼 머리 맡을 때 지어 왔다. 머리 위에는 얼음이 되어가는 한 사발의 물. 발밑은 술 취한 남자들의 육신이 굴러다닌다. 널평상 같은 침구 위에서 뒤적뒤적 밤을 지키는 일은 뼈를 띄우는 일이다. 전신의 뼈가 제자리에 없는 기분이다. 만 리 밖에서 푸른 잎맥으로 돋아나는 날들이 만혼으로 가고 있다.

밤을 지키는 내 손에는 마른 야크 똥 삽질이 이어졌다. 타닥타닥 야크 똥 타는 소리가 융단 같은 하늘 아래 퍼져 나갔다. 별 하나에 야크 똥 하나, 별 둘에 야크 똥 둘, 온 길의 이름을 잊은 채 히말라야의 밤은 깊어갔다. 난로 곁에서 만 리의 추억을 숙성시키는 밤. 돌아가 불볕에 이끌려가는 초록 짐승 떼의 한 마리일지라도 다시 이 밤을 찾아오리라. 적송을 안을 때의 그 환한 마음으로 올드 팅그리를 껴안았다.

새벽 3시 화장실에서 누군가 바스락거리고 있었다. 야심한 첫 새벽의 부호를 찍는 것일까. 변기통이야 여럿 있지만 문은 하나인 화장실. 국적이 다른 변들을 흘려보내면서 헛기침을 인사로 나누었다. 벗은 하의로 오물 냄새와 시린 냉기류가 가득했다. 짐작도 안 가는 얼굴을 향해"Where are you from?", "Korea. Korea."그 여인과 나는 화장실의 타르초가 되어 벗은 채 나부꼈다.

대합실 밖에는 밤새 송이눈이 쌓이고
흰 보라 수수꽃 유리창마다
통밥 난로가 지펴지고 있었다
그믐처럼 몇은 졸고
몇은 감기에 쿨럭이고
그리웠던 순간들을 생각하며 나는
한 줌의 톱밥을 불빛 속에 던져 주었다
내면 깊숙이 할 말들은 가득해도
청색의 손바닥을 불빛 속에 적셔두고
모두들 아무 말도 하지 않았다

산다는 것이 때론 술에 취한 듯
한 두릅의 굴비 한 광주리의 사과를
만지작거리며 귀향하는 기분으로
침묵해야 한다는 것을
모두들 알고 있었다
–곽재구, 「사평역에서」 에서

막차를 기다리는 마음은 늘 착잡하다. 그 많은 시간대의 차들은 여하한 이유에서 소멸된다. 막차의 현실 뒤엔 희망 그 자체가 따라오기 때문이다. 막차만이라도 꼭 타야 하는 이유로 삶을 사는 군상들. 막차는 막배처럼 광활한 한가운데로 사람을 밀어 넣는다. 막차를 떠나보내는 침묵과 피곤에 떠밀려 스스로가 초라한 형색을 느끼게 한다. 그 침묵의 내부에선 난로처럼 타들어가는 게 있다. 그리웠던 순간들을 호명하며 한 줌의 톱밥과 눈물이 섞여 타고 있는 것이다. 막차에서 삶에서 침묵하는 이유란 자신이 까맣게 타고 있는 현재가 있기 때문이리라.

귀가 있어도 소리가 없는 여행은 미미하다. 촉각으로 느끼는 강한 맛이 없다. 긴 통로를 가며 자연과 사물의 감성을 날라주는 눈이 있기에 견딘다. 배병우의 사진 그림에서 서서히 유채색이 오르고 있다. 간간 귀에 들리는 듯 색의 향기, 색의 율동, 그것은 무채색 터널이 길었기 때문이다. 오랫동안 검은 색을 모아놓고 여러 세월, 여러 톤으로 관객을 거머쥔 배병우의 힘. 관솔 같은 그의 얼굴에서 '꽃 한 송이가 소리소리 지르며 가슴의 마룻장 밑에서 나가려 한다'는 표현은 믿을 수 없다. 이 향기로운 감성은 이

제 소나무의 단절을 예고하는 것일까. 티베트로 길게 끌고 다니던 나의 둔중한 소나무도 귀머거리와 함께 내려놓고 싶다. 그것이 몇 아름의 둘레를 갖고 있다 해도 잎이 떨어지지 않는 나무는 무섭다. 몰래 담석을 품고 키우는 내장처럼 언젠가 눈앞을 가로막을 소나무. 깊은 굴곡의 체형을 유지하는 소나무의 심장들. 그 심장의 토막들이 나를 뉘는 관이 되었다가 복령이 되는 천 년 후의 밤을 생각해 본다. 나무와 바다가 없는 설산에 배병우의 바다와 산을 심어 놓고 돌아섰다. 어둠의 통문에서 풀려나도 귀머거리의 길은 폐쇄를 향해 달려간다.

붓 속에 갇힌 행선지

– 이정웅

붓 속에 갇힌 행선지

– 이정웅

은폐를 향한 은자의 고뇌는 도처에서 이어진다. 예술은 은폐와 싸우는 일이다. 테크네를 통해서 자신의 진실에 도달하고자 영혼과 싸우는 고난도 기술이다. 이를테면 알레테이아에 도달하는 길이다. 미술은 은폐된 시간, 은폐된 형태, 은폐된 공간, 은폐된 소리를 끌어내어, 조형을 입히는 길이다. 투명. 투명만으로도 성에 차지 않는 은자의 작업은 색깔 입히기로 또 이어진다. 이름하여 작가는 지각된 것을 모아 색깔을 내고 촉감각을 느끼게 하기 위해 숨은 시간과 싸우는 것이다. 자신의 내면에 은폐된 것들의 드러냄, 한정된 화면에 드러난 식솔에게 각기의 몫을 주고자 눈과 마음을 떼지 않는다. 지각의 결정체를 감각으로 이어지게 하는 운명적인 몫. 화가가 보는 실물의 실제가 추상, 구상의 명분을 통해 관객에게 돌아올 때 한 편의 '글 읽기'에 빠진 듯 즐거워진다. 그런 즐거움은 미학이라는 관념의 강까지 또 대적하려는 유혹에 빠진다. 미술을 알고자 하는 것도 힘을 키워야 한다. 알아내려는 힘 말이다. 데카르트 할아버지, 칸트, 하이데거, 헤겔, 후설, 메를로퐁티, 로크, 버클리 집게발에 걸려 줄줄이 따라 나오는 반증례.

뚱딴지들의 참은 '관념의 유희의 장'이 되어 서로가 치고받는다. 죽 쒀서 개주듯 관념으로 버무려진 지식체계는 사유의 폭력자들끼리만 여지껏 먹어 온 요깃거리이다. 화가는 그 죽을 먹지 않는다. 은자의 발길은 사유의 무기를 들고 지금껏 쫓아온 뚱딴지들이 있어 은자는 달아나는 재미를 느낀다. 세계 곳곳에서 은자의 격이 높아간다. 미학이라는 저울눈에 무게를 실려준다고 할까. 이름하여 미술 거장들, 거장을 쫓아가는 은자, 은폐를 향한 암반 파고들기 작업은 늘 새로워진다. 순도 99.9도 마음의 연장으로 파고드는 암반 파고들기는 '나는 생각한다. 그러므로 나는 존재한다.' 알레테이아에 거하여 국경이 없다. 때때로 미술은 센 힘으로 '코페르니쿠스적 전회'를 실천한다. 몇 세기의 미술사를 다시 쓰게 하면서 관객의 의식이 미처 쫓아가지도 못할 때가 있는 것이다. 화가는 관객의 배려 따위는 필요 없는 것일까. 그림꼴이 어떻든 적소성適所性 따위는 관객에게 던질 수 없는 것인지. 아무튼 전 인류를 놀래키는 재주가 화가만큼 또 있을까. 지구촌 시대, 스위스, 두바이, 싱가포르, 유럽, 상하이로 먹물처럼 번져가는 붓의 에너지를 본다. 렌즈보다 더 정확한 눈의 재주를 가진 작가를 만났다. 붓이 붓을 이끌고 세계의 도처에서 콜렉터를 만난다.

이정웅은 모필에 말馬 같은 자취를 남겼다. 숨 가쁘게 행선지를 향해 가려다가 숨을 고른다. 고리로 걸렸던 흔적을 떠나 馬毛를 이리 눕히고 저리 눕히면서 붓은 기행을 한다. 붓이 달려간 행위의 흔적은 필시 말의 숨결이 담겨 있었던 건 아닌지. 毛필의 끝, 붓끝을 세운 흔적으로 보아선 모필이 수만 리를 다녀온 모양새이다. 붓대를 의지한 한모翰毛의 붓끝에 갈증이 묻어 있다. 희끗희끗 붓 스스로가 제 목마름을 보여준다. 이미 먹물의 농담濃淡에서 몸을 뺀 지 오래일까. 붓은 '찍다'의 의미가 아니라 달리고 있다가 쉬는 형상으로 다가왔다. 방금 내지른 소리의 공명이 먹물 번짐에 그득하다. 아득한 겁을 필모로 날아들어 잠시 한 몸 눕어 가다듬는 것이다. 때마침 한지에 번진 농담도 달리기의 형상을 담았다. 힘 있게 허공을 내리누른 모필이 잠시나마 고단한 기색으로 다가왔지만, 시간은 붓 고리를 은산철벽 저쪽으로 또 끌고 갈 모양이다.

붓, 한지에 오일, 2007

제 울음을 듣는 귀가
종이에도 있음을 알았다.
제 몸 찢겨지는 파찰음에야
눈을 뜨는 네 개의 귀.

종이는 처음 들은 그것이
제 울음인 줄을
버려진 뒤에야 알았다.

무창포에서 온몸을
던지던 너의 파도도 그랬다.

무너지기 전 단 한 번
하얗게 일어서는
도처의 저 귀무덤들......

찢어버린 제 소리들을
밤새워 주워 담고 있었다
–우진용, 「耳塚」 에서

웅성대고 엇갈리고 들어주는 귀가 짐승과 사람에게만 있었다는 것을. 누군가는 한 번쯤 아니라고 말해본 적도 없다. 시인은 오늘 밤 쿡쿡 나를 찌른다. "네가 산 몇몇 해가 지나고 몇몇 날이 지났는데. 너는 네 세상 어디쯤에서 마음 안의 소리를 얼마나 듣고 있는지……" 몸에 붙은 귀로 들을 수 없는 한계치를 마음이 좇아가 온당히 듣는 일. 그 일이 시인의 몫이다. 온천지가 꺼덕꺼덕 시래기처럼 말라가는 10월의 세상, 시인의 몫을 두고 열병을 치른다. 귀를 떠나서 얼마간이나 미미한 것들의 소리를 읽어낼 수 있는지. 시인과 유유상종이 못 되는 일상. 오늘도 구겨진 종이를 폐지로 보내고 나서야 거기에 마음귀도 따라간다는 것을 알았다. 붓은 버려진 종이의 울음을 온몸으로 듣는다.

그는 붓을 닮았다. 커다란 붓을 움직이는 그의 몸이 곧 붓이다. 모필이라는 구상을 화면에 안착시키는 순간, 그의 행위는 추상을 향해 여백과 타협해야 한다. 비록 파열음이 낮은 한지일지라도 먹물의 번짐이 어떻게 될지 한지가 받아들이는 운명을 지켜보아야 한다. 아무리 붓을 끌고 와 더 사실적인 붓이 되려고 할지라도 여백의 추상과 하모니가 잘 이루어져야 하기 때문이다. 그래야만 사실 같은 실제와 표상으로서의 붓이 프레임 안에서 사람들의 감탄사로 인해 이원화가 사라지는 것이다.

자칫 평면의 한지 위에 붓이 조응하고 있다는 사실이 사람을 모호하게 할뿐더러, 그것이 회화라는 인식조차도 무너져 버린다. 붓은 한지를 점령한 이미지의 한 대상이 아니라, 생성과 소멸의 한 수단으로서 작가의 관념에 잇대어 있다. 곧 추상으로서 그은 한 획은 붓이라는 구상과 아우러져 지극히 동양적인 그의 정신의 일부를 보여준다. 도의 행위는 아닐는지 극사실의 진부한 트렌드를 좇고자 염려하는 것은 기우였을까.

붓은 여지없이 또 진실을 맡겼던 어느 벽을 떨어져 나와 요동도 미동도 없이 누웠다. 한 몸 가 누이면 배고픔도 잊고 지천으로 그어 댈 획일 것만 같다. 그런데 웬일일까. 붓에서 여성성이 느껴진다. 모필의 붓대에 닿았던 주인의 손이 참하고 고울 것만 같다. 가슴에 만조처럼 차오르는 그리움이 붓끝으로 길을 찾아 내려온다. 농담으로 흘러내리는 그리움의 여분. 그리움이 취기처럼 오르면 마음 수위를 높여 쓸고 쓸어내릴 힘의 도구가 붓이 아닐는지. 오늘도 여지없이 모필의 아랫도리에 먹물을 품고 붓은 써늘해 간다.

저 마루판 누가 시커멓게 어질러 놓았는가
밤낮 없이 쓸고 닦아도 돌아서면
짙은 농담의 안개이듯
끓어오르는 노여움 있어도
치맛자락에 욕지기나 꾸역꾸역 그러담으며
또 어쩔 수 없이 엎드려 걸레질이다

개절 가득 고여 오르는 물때마다
속옷 후줄로해지던 시절도 그랬을까
수만 번 걸레질로도 끝내 닦아내지 못하는
바람머리에나 퍼질러 앉아
찢지 않고서는 건널 수 없는 몸도 있다는 듯
오늘은 몇 잔 소주에 밴댕일 뒤집는다
–김명인, 「만조」에서

아무런 경사도 없이 끌고 온 획이 고요를 더욱 깊게 한다. 구황의 세월 얼마나 견디어 왔는지. 어쩔 수 없는 획의 걸레질로 하얗게 지은 노여움의 빈자리, 시커멓게 어질러 놓아도 만조로 차오를수록 하얗게 타는 저 한지의 들판, 또 붓은 농담으로 경작을 한다.

붓이라는 오브제는 사물로서의 붓과 그림에서의 붓으로 혼란을 일으킨다. 평면 공간이 의심을 피하려면 만져보아야 할 것 같다. 실물을 옮겨 놓은 듯 농담을 뿌리고 긋는다. 행위의 흔적을 따라 관객의 머릿속도 생생한 현장에 가 있다. 이쯤이면 작가의 감각은 '귀신 곡할 노릇'이다. 먹물 번짐까지 가세한 한모翰毛의 자태는 고요와 앙 물려 있다. 그래서 붓은 더욱 단단해 보인다. 말머리를 스스로 진정시키는 말처럼 품계가 있어 보인다. 붓은 붓 머리칼을 모아 마치 대의를 끝낸 공신처럼 쉬고 있는 건 아닌지. 모든 붓대마다 다르게 반짝이는 오일감은 마치 붓이 관객을 보는 듯 착각에 놓인다. 작가는 붓을 통해 사람을 만나고 세상을 보는 건 아닐는지. 붓은 먹물 번짐의 방향을 직시하지만, 찍히는 순간의 번짐에 따라 숨소리도 되고, 고성도 된다. 그래서 붓은 상황을 달고 다닌다. 때로는 향연도 낳고 성질머리의 포악함도 낳는, 때문에 사실력의 완성도는 관객을 제압한다. 붓이 쥐는 일루전에 관객은 끌려다닌다. 내공을 쌓은 기법 때문이기도 하지만, 오직 자연색과 싸우는 고뇌의 결정체이기 때문이다. 그래서 붓은 그의 창살이다. 붓은 그를 가두고 그의 마음을 빼앗는다. 일파만파의 마음이 한지 위에서 곡예를 타듯 그를 휘갈기고 괴롭히는 것이다. 붓의 기세에 꺾여 그의 일상은 한지에 매복되어 있다. 한지 안의 시간은 길다. 한지를 빠져나가는 날보다 매복된 날이 많다. 한지 안에서 붓이 그를 놓지 않는 한 그의 행선지의 끝은 붓일 수밖에 없다.

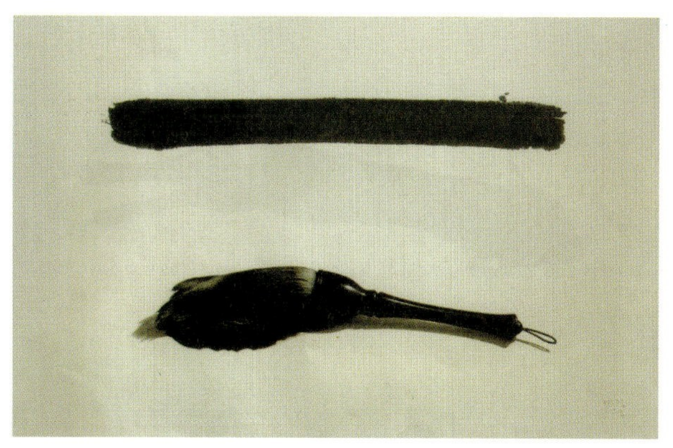

붓, 한지에 오일, 2007

무릇 나는 금강(金剛)이라는 말을 모른다.
그맘때가 올 것이다. 잠자리가 하늘에서 사라지듯
그맘때에는 나도 이곳서 샤르르 풀리는 것이니
어디로 갔을까
여름 우레를 따라갔을까
여름 우레를 따라갔을까
후두둑후두둑 풀잎에 내려앉던 그들은
–문태준, 「그맘때에는」에서

붓은 그의 삶에서 금강의 자리이다. 색약인 그에게 붓이 다가왔을 때 이미 99%의 마음이 악물어 버린 건 아닐는지. 붓을 통해 세상을 닫기도 하고 열기도 하던 그에게 붓은 해체와 몰입의 대상으로 때때로 다가온다. 그래서 생존방식의 기호로 다가온 붓은 깰 수 없는 대상이 되었다.

누구에게나 그맘때가 있었던 것처럼, 붓이 완성되던 순간, 무릇 먹물 번짐의 고뇌는 사라지고 다시 또 무장한다. 붓으로 가는 길은 또 되풀이된다. 그가 가는 길, 오직 먹물의 시간과 함께 가는 길, 그는 단단해진다. 길 위에 있지 않아도 그가 만드는 길에 그의 모두가 있다. 누구나가 자기 사는 길에 여물어지는 건, 금강을 키우는 때문일까. 늦가을 날, 느리고 긴 울음을 잇대어가는 철새들의 한 호흡에서 금강을 본다. 아무도 그 섭리를 깰 수 없다.

시장 사람들은 저마다 해시계를 갖고 있다. 동지 언저리의 해 그림자는 짧아도 마음이 재는 해 길이는 길다. 손님의 발걸음이 곧 시침이고 분침이다. 손님이 북적거릴 때 해는 언제 넘어가려는지, 배고픔이 들 새도 없이 시간은 길어진다. 그럴 때면 지붕을 타는 쥐떼들도 가세한다. 골목 저쪽의 어스름까지 끌고 나와 북새통이다. 언제부터인가 적조의 해안으로 밀려와 저마다 슬픈 내력을 담보로 가게 한 채씩 지니고 사는 사람들. 하루가 파장이 들 즈음이면 유정한 마음들 모아 거나하게 취해간다.

그 한가운데 홀씨로 날아 든 오빠의 신발은 영영 돌아오지 않았다. 한때 오빠는 눈 덮인 산길을 내려오는 엄마의 용병이었다. 엄마 안에서 눈 우듬지가 쌓이고 햇볕이 튕겨나가도, 오빠는 대처로 나가는 유일한 꿈이 되어 주었다. 그러나 혈육의 짐을 진 엄마를 보는 오빠는 냉담했다.

시장 사람들의 집엔 마루가 없다. 마루가 없는 방 문턱을 올라설 때 신발은 그들을 비웃기라도 하듯 흩어지며 노려보고 있다. 엄마는 신발을 가지런히 모아 놓으며 깊이 젖고 젖은 오빠의 마음에 또 젖어든다. 오빠는 안 우는 것처럼 울기를 하다가 어디엔가 타들어가고 있었을까. 자신이 남자가 아니라 엄마의 기둥이라는 게 몹시도 힘들었다. 이제 오빠는 고요하다. 스물두 해 난데 없이 성장을 하고 별에 들었다. 머리에서 오빠가 떠나가지 않는 한 나는 아직도 열여덟 살이다. 스물두 해 오빠가 벗고 간 탱탱한 허물이 랩처럼 감고 있다. 그때 내 열여덟의 몽상병을 지금껏 달고 쭈글쭈글해져 있는 것이다. 숨 멎어 들어간 오빠의 시간은 어떤 '거기'도 없는데 엄마의 구순은 이제 마지막 도굴꾼마냥 숨차게 '거기'에 닿으려 한다. 필생의 힘을 다하여 먹물을 찍어내린다. 떨어진 먹물 위에 엄마는 육신이라는 붓대를 누이려 한다. 그래! 누구나 자기 생의 끝에서 더는 시간을 달릴 수 없는 붓을 놓는다. 더는 걸릴 것이 없는 붓 고리가 늘어져 있다.

부서질 듯, 둥글게, 허옇게, 몇 군데는 거뭇하게, 두개골이 비쳤다. 눈썹 아래로는 바스락거리며 그늘이 내려오고 가늘게 풀벌레 울고 구석지고 어둔 그늘에서는 거미가 줄을 늘여 집을 지었는데 구석지지 않은 몸이란 없어서 온몸이 거미집에 덮였다.

오래된 뼈들이 내려앉아 바닥에 닿곤,

이마에서 흘러내린 주름살이 뱃가죽을 밀며 내려와서……

어제는 발등을 덮었다.

–위선환, 「肉筆」에서

먹물 번짐이란 어둠을 뱉는 일이다. 아득하게 가라앉은 어둠 위에 나를 내려놓아 목을 가눌 때 붓은 절로 완성되고 사람의 화신으로서 가까이 온다. 큰 붓이 획을 찍어 붓의 실체를 극사실로 접근했지만, 시간과 싸워 얻

붓, 한지에 오일, 2007

어진 붓이야말로 사람의 인생사 그 자체의 모습이 아닐까. 한 사람 두 사람 필생의 힘을 다하여 육필로 내려찍는 힘. 그것은 화가 자신의 생을 옮기는 행위 예술이다. 먹물을 튀기고 숨이 찼던지 붓끝이 갈라진 붓 몸. 어디론가 사람의 손에 끌려다닌 흔적이 역력한 붓 고리의 처짐. 빈자리에 허공의 깊이로 한 획을 긋고 누운 붓. 한모翰毛. 필사적으로 먹물을 튀기고도 붓대를 뉘지 않는 장렬한 붓의 힘. 이정웅의 붓은 골격만으로도 만 리를 다녀온 숨소리가 느껴진다. 때때로 은밀한 여성성으로 다가와 애저녁을 더욱 쓸쓸하게 하는 붓끝의 묘연함. 붓은 또 어느 한지에 닿아 여백의 먼 길을 가려는지 행선지가 묘연하다. 작가 마음 안에 있는 은자의 고뇌만이 알 뿐이다.

소설 속의 그림 읽기, 시 읽기

– 김훈의 소설

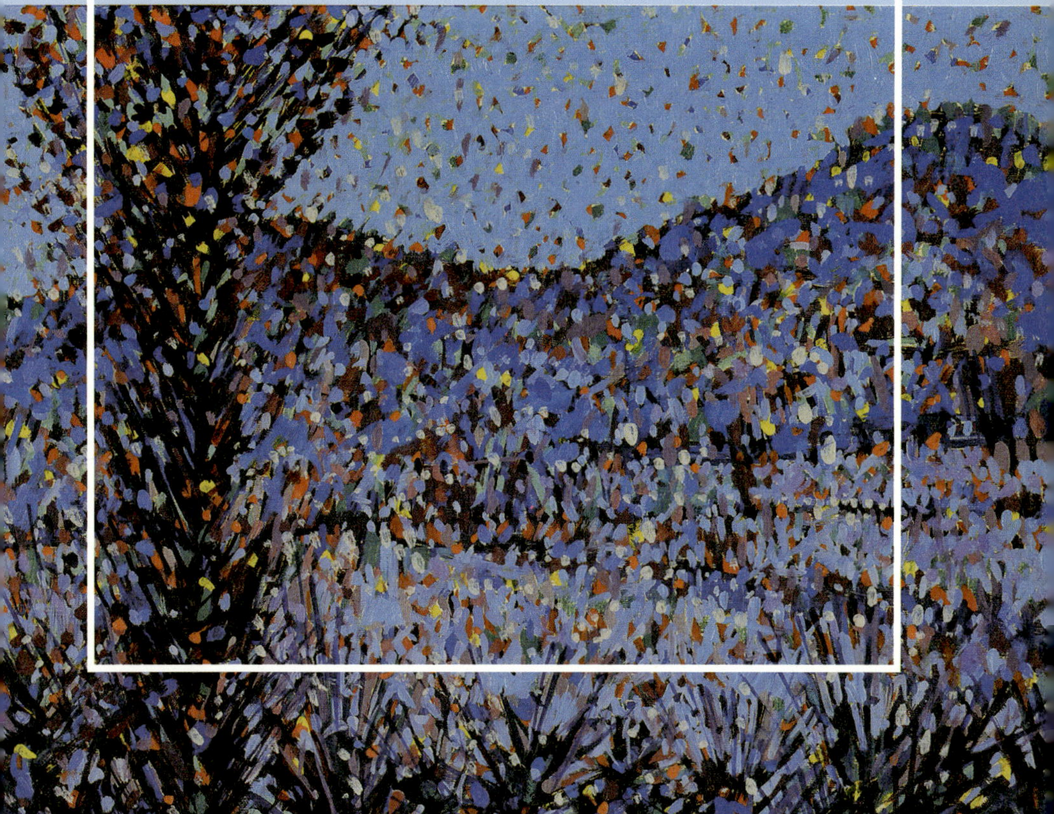

소설 속의 그림 읽기, 시 읽기

– 김훈의 소설

재미있는 글 읽기에는 회화가 있다. 긴 글을 읽어 내릴 때 때때로 독자는 저문 바다로 내 몰리는 기분이 든다. 그럴 때 재미라는 것은 환기창이 되어 준다. 높은 소리로 울면서 저물어드는 세상만사, 그림 같은 글 읽기는 여독을 풀어준다. 여송연을 빨면서 파노라마 같은 멋진 경치를 누워서 보는 맛, 와유라 했겠다. 드러누워 점경을 보듯 맛있는 시간을 소요하는 일이다. 좋은 그림 또한 이 읽을거리를 준다면, 좋은 글도 그림을 보는 맛을 더해 준다는 것이다. 글로 인해 서늘하거나, 온기가 있거나 짜릿하거나 감각에 휘둘린다. 소설은 더욱 유난하다. 그림에서 독서성을 끌어내기란 관자의 오랜 시간 축적이 필요하지만, 소설은 활자가 날라다주는 이미지에 따라 독자의 안목은 조형미를 즐기게 된다. 더구나 속도까지 달고 간다. 이연연상을 하면서 글 씹는 재미를 느낄 때 마치 신선한 포르노를 즐기는 맛도 있다. 그래서 잘 팔리는 소설가의 책일수록 기다려지는 이유가 많아진다. 그들은 머릿속에 연상되는 이미지 재단의 마술사. 발기하는 글발로 독자의 독서 게으름을 채찍질하는 것이다. 독자는 소설 속 서사에 노복이 되어 끌려다닌다. 그래서 긴 시간 독자는 광의의 언어 이미지에 잠수되었다가 돌아온다. 재미의 탑승에서 내려와 다른 마음의 화폭을 지니고 있게 된다. 김훈 소설은 그런 맛에서 독자의 진득함을 준다. 독자는 촘촘히 짜이는 긴장의 그물에 걸려 언어라는 소통도구로는 부족해진다. 감각적 소통도구까지 일치를 본다. 긴장의 옹벽을 뚫고 서정이 꿈틀거리는 이미지 지형을 들여다본다.

> 숲이 흔들릴 때마다 빛줄기들은 흩어지고 모였다. 젖은 댓잎들이 바람에 떨리면서 빛을 튕겨내고 빛들은 깨어진 자리에서 다시 태어났다. 빛과 어둠은 꼬리를 붙잡고 놀면서 깔깔대는 듯했는데, 빛들은 태어나면서 어둠에 녹아들었고 빛이 녹아드는 어둠의 안쪽이 다시 빛나서, 빛들은 나무나 사람을 찌를 듯이 달려들지 않았고 대숲에서는 나무도 사람도 그림자가 없었다.
>
> –김훈, 『현의 노래』 '대숲' 편에서

모든 사물은 소리를 가지고 있다. 두들기면 자극에 끌려나와 몸을 주는 육질의 소리, 젖은 댓잎들이 바람에 이끌려서 빛을 튕겨내는 소리, 서로가 서로에게 녹아들면서 소리 우주를 순하게 만들어 내는 그곳에 사람은 없었다. 대숲의 한가운데로 우륵이 니문을 데리고 간다. 홍류동 아름드리 몇 그루 나무를 베어 늘 톱질하는 세월이 탁주에 섞여 흐른다.

소설의 배경에 탁본처럼 떠진 이미지의 재단은 '소설 속의 시읽기'를 거듭한다. 한 시대의 눅눅한 구석을 흘러갔을 전설 같은 이야기가 소설에 떡밥이 되어 시로 낚인다.

일찍이 호메로스는 시가 즐거움뿐만 아니라 마력도 전달한다고 했겠다. 소설 전체가 흐르는 큰 강이라면, 내와 내끼리 은유가 되어 넓은 강으로 몸이 섞이는, 그것을 감각적으로 느끼는 확신. 시가 시인들을 통해 쓰이는 경우와는 또 다른, 신선한 재미에 소설의 무게는 가볍게 잘도 넘어간다. 그것은 시가 가진 마력 때문에 소설도 재미있어지는 납득을 얻는 것일 게다. 작가는 은유를 통해 빛이라는 존재를 살아 있는 자연의 활동성으로 전개했고, 빛과 어둠의 물질화를 통해 동물과 인간의 상생을 보여주는 듯 시적 그림의 내부를 채워나간 것이다. 빛과 어둠의 존재를 보이는 존재에서 들리는 존재로 공감각화해 내는 소설가의 시적솜씨. 그러나 그의 글은 채워 있는 것으로 인해 공성空性의 자리를 예감하게 한다. 채우는 것은 비움이요, 비움은 채울 자리인가. 마치 "부풀어 있는 머리는 비어 있는 머리"라는 속담처럼 현상세계의 실제를 빌려와 수나타[空]라는 가상세계를 갖고 노는 필력을 전개한다.

홀로는 자성이 없는 빛과 바람과 어둠을 항시 연기적 대비로 나무나 사람 따위를 메타포로 성사시키는 것이다. 소설 속 시의 효과는 헤시오도스의 말을 다시금 깨우치게 한다. 시의 마력이 "美"가 부르는 것에 가깝게 가기 때문이라고. 한 편의 소설 속 이미지는 독자에게 영상미로 채색이 된다.

박창돈 (1923~) 명사십리, Oil on canvas, 91×117, 1983

> 겨우내 가루눈이 내렸고, 눈이 걷힌 날 하늘은 찢어질듯 팽팽했다. 그해 바람은 빠르고 날카로웠다. 습기가 빠져서 가벼운 바람은 결마다 날이 서 있었고 토막없이 길게 이어졌다. 칼바람이 능선을 타고 올라가면 눈 덮인 봉우리에서 회오리가 있었다. 긴 바람 속에서 마른 나무들이 길게 웃었다.
>
> –김훈, 『남한산성』 '언강' 편에서

그냥 눈도 아닌 가루눈이라면 눈 오는 날 중에서도 어떤 날씨일까. 한주먹 움켜쥐면 쥐어지지도 않는 건기의 눈, 습도가 없이 오는 눈이라 하늘까지도 건타래처럼 바짝 말라 있는 걸까. 그 하늘을 지나가는 기류는 또 얼마나 차고 팽팽할까. 찬 냉기에 트는 언 발과 언 손으로 칼바람 앞에 있으면 모두가 능선이고 모두 울고 떠나는 것들뿐이다. 팔순의 골절로 우는 나무들이 남한산성에 빼곡하다. 저물어가는 그 한 시대에 존재로부터 비존재의 진행 과정을 암시하는 것이다. 있었던 자리가 텅 비어 있는 외공의 미학을 소설은 또 이미지로 시화하여 보여준다.

그의 글은 읽는 사물이 아니라, 진경 앞에 서 있는 독자를 의식하고 펼치는 그림 같다. 이미지의 영상화를 위해 풍경과 풍경이 수시로 오버랩된다. 풍경은 해묵은 것이 아니고 절기의 색깔을 입혀 독자의 발 앞에 따끈하게 와 있는 것이다. 한시절의 처소 속에서 메타포가 내밀하게 자리 잡은 이야기를 서사라고 하기에는 시적 상상력이 너무 많다. 마치 주태석의 관념의 숲처럼, 바람은 외관 근거리의 매개체로 항시 시점장을 드나든다. 삭정이 같은 바람 속에서 노루의 죽음이 등장하는 건, 죽음이라는 설정을 통해 추위와 기근의 농도를 배가할뿐더러, 죽음 그 안에 웅크린 절망이 독자를 절실하게 한다. 죽어가는 시간을 사는 자연을 향해 어느 한순간도 정지됨이 없이 계속 활동량을 부여한다. 시적 이미지로 포장되었지만 소설을 통해 자연 철학의 축을 이루고자 하는 느낌을 주기도 한다. 자연 앞에 유한한 주인공을 통해 궁극적 목적을 달성하는 작가의 의도는 계속 이어진다.

의정을 감당할 수 없을 만큼 심신이 쇠약한 왕에게 겨울은 또 세한도였다. 바람은 결마다 날이 서서 노송에게 달려든다. 능선을 업고 가는 바람은 한 치의 앞을 볼 수 없는 치욕의 나날들을 견딘다. 회오리 정국이 시작된다. 휘어진 나뭇가지 사이로 애민들의 통곡처럼 나무 울음이 새어나온다. 겨울은 저채도의 색상으로 낮게 가라앉아 과거의 안쪽으로 흘러간다. 김훈의 역사소설은 한결같은 계절 감각이 농밀하다. 서늘한 서글픔이 잔잔히 흐르는 시대배경 탓일까. 또 한껏 영상 이미지를 펼친다.

근막마다 모닥불을 올리는 불빛이 강을 따라 길게 이어져 하류 쪽으로 내려갔고, 강 건너 쪽 언덕과 거여, 마천들판의 마을과 빈 논바닥에서 불빛들이 깜박거렸다. 바람이 산을 쓸어내리면 먼 산등성이를 따라 이어진 불빛들이 바람 쪽으로 쏠리면서 검게 솟구쳤다. 성첩에서 바라보면 청병은 보이지 않았고, 바람에 솟고 잦는 먼 불빛들이 떼 지어 다가왔고 또 물러갔다.

-김훈, 『남한산성』 '쇠고기' 편에서

청의 대군 삼전도에 당도해 성안의 날들이 불에 타들어가듯 풍전등화의 나날이었다. 마치 오치균의 임파스토 기법 같은 손가락에 의해 우러나오는 마티에르가, 깊은 탄광촌의 밤을 보듯 한다. 한꺼번에 색상을 섞는 어둠도 아니요, 일시에 켜지는 불빛도 아닌, 꺼질듯 말듯 희미한 밝기를 주는 크레파스화 같은 둔탁한 색감. 촉수 낮은 가로등이 밤을 지키는데 눈 쌓인 밤은 자박자박 소리를 내고 광부의 허기는 가난한 마을을 밤새도록 돌아다닌다. 빈 논바닥, 불빛의 의인화는 시 같은 소설의 주체가 되어가고 있는 것이다. 불빛이 없는 어둠은 상상해 볼 수도 없다.

황재형, 탄광으로 가는 길, Oil on canvas, 91×116.4, 1990

불빛 중심에서 윤곽이 잡히는 구도, 광휘로운 불빛이 아니라 희붐한 불빛의 등장은 긴박함, 처절함, 난감함 따위의 상징으로서 회화성을 전면에 깔려 있다고나 할까. 김훈의 소설이 기다려지는 이유는 영상미에 빠져드는 몫도 제외할 수는 없다. 그의 소설에 있는 단순성도 읽는 재미이거니와 성서화처럼 테마를 프레임에 가두어 둘 만큼 구체성도 있다.

> 비구름이 갈라지고, 빌딩의 옥상간판들 사이로 내려앉는 저녁 해가 당신의 목걸이에 비쳐, 목걸이 구술마다 해는 저물었습니다. 사위는 잔광 한 줌씩을 거두어가면서 구슬 속으로 저무는 일몰은 위태로웠습니다. 그때 저의 생애가 하얗게 지워지는 것을 느꼈습니다. 그때 지체 없이 당신의 이름을 부르지 않으면 당신의 몸속의 노을빛 살 속으로, 내가 닿을 수 없는 살의 오지 속으로 영영 저물어버릴 것 같은 조바심으로 나는 졸아들었고, 분기 말의 저녁마다 당신의 어깨는 저무는 날의 위태로운 노을로 내 앞에 번져 있었습니다.
>
> –김훈, 『화장』 에서

오치균의 그림이 손으로 엮어가는 생명현상이라면, 물감의 테크닉이 아닌 서사의 테크닉은 지극히 세속적임에도 불구하고 추상의 절정을 보인다. 현실은 죽어가는 아내의 뇌수덩어리를 맴돌면서 이상은 짝사랑하는 한 여자의 육체에 사로잡히는 주인공, 현실을 붉게 빨아들이는 블랙홀을 스스로가 제조하면서 마치 그곳이 도피처인 양 때때로 즐기기까지 하는 상황. 아내의 죽음을 눈앞에 둔 화자의 고백은 건강한 뇌수 속에서 그만의 그림을 형상화한다. 붉디붉은 색의 점묘 속으로 관능의 살은 회오리치고 그 안에 절규하는 입이 고통의 모양을 보이고 있다. 마치 밀려오는 산업화의 다리 난간에서 오열하는 뭉크처럼 고독하게 짝이 없다. 노을은 견디기 어려운 노독의 상징으로 번져나간다. 온전하게 말하는 화자를 통해 언젠가는 붉은 물감이 점령할 거라는 예감이 든다.

때때로 시를 쓰기 위한 끼니거리로 소설을 읽는다. 김훈 소설의 시를 통해 그림 같은 영상미에 빠져든 것은 어제 오늘이 아니다. 그의 소설 한 편이 나올 때까지는 기존의 소설을 다시 읽어야 할 만큼 기다림의 대상이 되었다. 아직도 바람에 솟고 잦는 불빛 따라 내가 꺼져가는 느낌으로 비몽사몽 해매기도 한다. 한편의 소설을 읽고 난 다음의 허탈감. 잠시의 배역에서 사라진 무대 위 배우의 허탈함처럼 존재감의 공백기가 온다. 마니아들의 광기가 오는 과정이 아닐까. 비판의 여지없이 빠져드는 그 무엇에서 포르노를 생각한다. 만지는 재미, 읽는 재미, 만드는 재미, 보는 재미, 먹는 재미, 그러나 그 재미도 흘러감의 개별자일 뿐, 영화의 몇 장면으로도 바로 갖출 수 있을 만큼 선명한 이미지는 은유에 익숙한 달인이라 하겠다 그를. 재미나는 것은 함락되는 맹독성을 가지고 있다. 그뿐만 아니다. 그곳에 끄달려 다니는 중독성도 있다. 아름다운 중독은 시를 쓰기 위한 맹렬함의 성과라고 믿고 싶다. 그의 소설을 기다리는 건 순전히 그림 같은 시 읽기의 재미라고 보아도 될 성싶다.

작가에게 무슨 일로 한 두어 번 전화를 해 보았다. 이야기 진행에서 서서히 빠져나온 듯 낮게 가라앉은 목소리가 상당히 분위기 있다. 누가 만물을 변하지 않는다고 말했던가. '강물'이라는 존재를 따 온 이상 강물은 변하지 않는다고 말한 파르메니데스. 그의 일자一者 철학은 기저마저 흔들릴 때가 있다. 어느 날, 거울 앞에서 나의 미라를 볼 때마다 그의 일자를 끌어

이대원, 나무, Oil on canvas, 40.6×53, 1979

내린다. 열어놓은 창문 밖에서 흔들리는 나무, 흔들리는 허공, 날아간 새의 하늘 저쪽, 일자의 존재를 깨고 가는 그 자리에 판타레이의 확연한 개념이 일어선다. 그래서 또 자연 철학자의 위대한 릴레이가 이어지는 건 아닌가. 자신의 고통의 끝으로 하여 세상과 더불어 사는 사람들, 오늘밤 내가 꾼 꿈은 그들의 출연이 있을 거라고 상상해 본다. 만물이 변한다고 해도 좋고, 불변한다고 해도 나와는 상관이 없다. 이즈음 시나 잘 써졌으면 하는 바람뿐이다. 머잖아 김훈 소설이 나를 또 함락하기를 기다린다.

그림, 詩끌하게 바라보다

1판 1쇄 인쇄 2010년 12월 1일
1판 1쇄 발행 2010년 12월 7일

글 | 박선옥
발행인 | 이정란

편집 · 표지 | 해성디자인

발행처 | 이인북스
주소 | 서울시 은평구 신사2동 350-7 301호
구입문의 | (02) 6404-1686
팩스 | (02) 6403-1687
등록 | 2007년 12월 14일 제311-2007-36호

정가 13,000원

ISBN 978-89-93708-11-0 03810